매일 그립다

김경숙 수필집

# 매일 그립다

해암

| 책을 내면서 |

# 그리움은 끝이 없다

　오십 중반에 첫 수필집을 발간한다. 어린 시절에 세상을 떠난 어머니가 나를 보고 환하게 웃고 계신다. 한없이 보고 싶었지만 겉으로 내색 한 번 하지 않은 그리움이 되살아난다. 아버지와 새어머니의 고마움에 마음속으로 삭였던 40년의 세월이 주마등처럼 스쳐간다.
　작년에 큰딸이 결혼을 하고 나니 친정어머니의 사랑이 다시 그리워지며 나도 큰딸 부부에게 뭐든 해주고픈 마음이 들었다. 내가 할 수 있는 일을 찾다보니, 선물 보내기가 가장 손쉬웠다. 철마다 싱싱한 과일을 생일날에는 멋지고 근사한 화분을 보냈다. 그리고 항상 개인사업도 잘되고 아이를 낳아 행복한 부부생활이 되기를 기도하고 있었다. 그래서인지 얼마 전 좋은 소식을 전해 들어 기쁘다.
　교직생활을 하면서 심신이 건강한 아이를 가진 부모라는 것만으로도 정말 축복받은 일이라는 것을 실감한다, 또한 든든한 남편과 시어머니, 그리고 착한 아들딸들이 있다는 사실에 고마운 마음이 든다. 항상 챙겨주고 싶은 큰사위까지 있으니 더할 나위 없이 흡족하다.

모든 사람에게는 좋은 점과 나쁜 점이 있다. 나는 어린 시절을 어렵게 보냈지만 부단한 노력 덕분에 지금은 행복하다. 그러나 승진을 하지 못해 아쉬운 감이 있다. 그래서 나는 꾸준히 수필을 쓰고 있는지도 모른다. 사람이 노력만으로 되지 않은 것이 있다는 것을 알게 되면서 가슴앓이를 하였고 하느님을 믿으면서 차츰 치유를 하고 있다.

　수필가로 등단한 지 15년 만에 첫 수필집을 내기 위해 분실한 원고를 다시 찾고 프로필 사진도 찍었다. 가족과 친구들에게 축하의 말을 듣고 지인들의 부러움을 받으면서 지금껏 나에게 지워졌던 무거운 짐을 내려놓은 것 같아 홀가분하면서도 조금 걱정스럽다.

　내가 살아온 삶의 흔적을 모두 내보이기가 부끄럽기도 하고 또 책을 읽은 독자들의 반응이 어떨지 궁금하다. 이번 수필집 발간을 시작으로 나의 작품 활동은 계속될 것이다. 그리고 베스트셀러가 되는 날까지 삶의 희로애락과 고뇌를 문학적 형상화로 뱉어낼 것이다.

이천십칠 년　칠월

수필가 김경숙

| 차례 |

## 1장 | 그리운 사람들

13　달리는 사람들
19　비 내리는 날
25　그 사람
30　기다림
34　보디가드
39　그림자
43　해바라기 꽃
47　서 있는 사람들
52　미련
57　모빌

## 2장 | 그리운 가족들

63  면사포
66  잠 못 드는 여름밤
70  첫째 며느리
75  미운 오리 새끼
79  여보, 만만세
84  가족
88  부부
93  점점점

## 3장 | 그리운 날들

103 변신
107 돌연변이
112 꽃비
116 꼬리
121 5월의 장미
125 배터리
129 내가 만일 남자였다면
133 금화

## 4장 | 그리운 꿈들

139 복권

145 낙화

148 홈런

153 비나리

157 동상이몽

161 판도라의 상처

169 서평

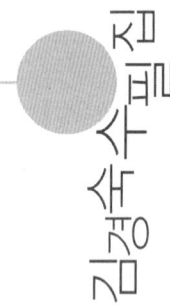

김정숙 수필집

# 1 그리운 사람들

## 달리는 사람들

　인간은 누구나 오래 살기를 원한다. 먼 옛날부터 사람들은 불로장생하기를 소망하여 약초를 캐먹고 보신이 될 만한 것은 사정없이 섭취하였다. 인간의 그런 열망은 도에 달해 집에서 키우던 개도 잡아먹는 추한 꼴을 보이고 있다.
　영양가가 높은 음식을 섭취하는 요즘 사람들은 너무 많이 먹어 살이 쪄서 탈이다. 굶주리고 못 먹던 시대의 한을 푼 것은 다행이지만 비만으로 인한 여러 가지 고통을 호소하게 됨은 불행한 일이다. 나 또한 현대 생활에 적응하여 살다보니 어릴 적 친구들을 만나면 알아보지 못 할 정도로 외형이 변해 버려서 어떻게 해야 할지 고민 중이다.

텔레비전을 시청하다가 우연히 다이어트 식품 광고를 보곤 한다. 광고에서는 식품을 먹으면 일류 모델들처럼 날씬해질 것 같은 환상을 불러일으킨다. 나와 같은 생각으로 실제로 구입하는 사람이 상당할지도 모른다. 효과를 보는 사람들에게는 신뢰가 생기겠지만 그렇지 못한 사람들에게는 불신만 낳는 것이 광고 상품이다. 구입하고 싶은 욕구는 가득하나 항상 미루고야 만다. 다이어트로 체중을 줄이는 것보다 유산소 운동으로 체중을 줄이려는 사람이 많아졌다고 하는 요즘이다.

직장 동료들과 회식이 있어 밤늦게 집에 가는 날, 상가 앞을 지나다보면 큰 유리창 너머로 사람들이 달리는 모습을 엿볼 수 있다. 한밤중인데도 러닝머신 앞에서 뻘뻘 땀을 흘리며 뛰고 있는 사람들이 대견해 보인다. 문명의 이기를 이용해 자신의 몸을 바람직하게 조절하려고 필사적으로 노력하는 그들의 꿈은 바로 날씬한 몸매이다. 시중에 '못 생긴 건 용서해도 뚱뚱한 건 용서할 수 없다.'는 우스갯소리가 나돌고 있는 걸 보면, 살과 치르는 전쟁은 피할 수 없는 일이다.

우리 집 앞에는 강변 도로가 있다. 많은 사람들이 아침 저녁으로 달리기를 한다. 가끔은 점심나절에도 달리는 사람들이 있다. 건강을 위해 애쓰는 모습이 보기에 좋아 보여 나도 몇 번 시도를 했지만 잘 되지 않아 포기했다. 보기에는 달리는 게 쉬워 보여도 시간과 마음의 여유가 있어야 한다.

비가 오는 날 창밖을 보면 우산도 없이 달리는 사람을 가끔 만난다. 낭만적인 면도 있지만 분명히 다른 사연이 있을 거라는 엉뚱한 추측도 해본다. 아마 실연의 슬픔을 달래려는 것인지도 모르겠다. 집에 있는 게 너무 갑갑해 바람을 쐬는 것일 수도 있고, 체력 단련을 위해 달리는 사람이 있는가 하면, 스트레스를 해소하려고 달리는 사람, 개중에는 마라톤 대회 출전을 목표로 달리는 사람도 있다.

요즘은 시간적으로 모든 일을 정신없이 빠르게 진행한다. 어쩌다 한순간 생활의 리듬을 놓쳐버리면 따라가기가 힘든 세상이다. 직장에서는 하루 안에 여러 가지 일을 다 해내야 하고 집에 와서도 밀린 가사일이 산더미처럼 쌓여 하루가 눈 깜짝할 사이에 지나가 버린다. 마치 정해진 궤도 위를 달리면서 그 궤도를 이탈하면 큰일이 생길 것 같아 다람쥐 쳇바퀴 돌 듯 똑같은 일상 생활을 반복하고 있다.

　초등학교 시절 육상부 선수였던 나는 단거리 기록에 신경을 쓰며 매일매일 고된 훈련을 받아야 했다. 달리는 속도가 조금씩 빨라질수록 코치와 다른 친구들의 환호를 받으며 골인점에 들어오던 기억이 어제 일인 듯 생생하다.

　상급 학교로 진학하면서 운동에 대한 미련을 버렸지만 학교 행사에서 릴레이 대표로 달릴 때마다 아버지가 늘 나와 함께 달리셨다. 아버지께서 나를 보시며 당당하게 웃으시던 모습이 나의 가슴에 남아 삶에 힘을 주고 있다. 내가 지치고 힘들 때 그 웃음을 되새기며 다시 시작하곤 한다. 세월이 흘러 체중이 부쩍 늘어나 지금은 달리는 것이 다소 부담스럽지만, 학교 운동회나 모임에서 달리기를 할 때면 그래도 상위권 안에 들 수 있는 것은 그때 고생한 덕분이 아닌가 싶다.

　나이 오십을 넘어서면서 그동안 내가 걸어온 길을 되돌아보는 습관이 생겼다. 내 인생의 어느 지점까지 왔는지 알 수는 없지만 되돌아갈 수 없는 시간임을 잘 안다. 가지 못 한 길에 대한 환상이나 기대를 지워버리고 앞으로 나아갈 곳을 바라보기로 하였다. 내가 꿈꾸는 이상향을 향해 달려가기 위한 발걸음을 옮기기로 하니 가슴이 후련하다. 오늘날과 같은 초고속 스피드 시대에 아직 걸어 다니는 걸 선호하는 사람이라 자처하며 사는 게 즐겁다. 술을 마시는 자리에 가도 운전 걱정하지 않아 좋고 주차장이 복잡한 백화점에 가도 주차 문제로 고민하지 않아도 되니 얼마나 홀가분한가.

한평생을 살면서 자기 조절을 잘 해야 골인점에 도달할 수 있다는 걸 알지만 정신없이 살다보면 자기 페이스를 잃고 스스로 좌절하고 실패하는 경우가 많다. 내 주변 사람들이 앞서간다고 느낄 때 나도 모르게 내 페이스에도 무리한 가속이 붙어 그로 인해 하지 않아도 될 고생을 한다. 나도 달리는 사람들 대열에 속해 날마다 최선을 다해 살고 있지만 어디까지가 성공의 열쇠인지를 몰라 고민하고 허욕을 부려 마음에 상처를 입고 스스로에게 실망을 하기도 한다.

아마 우울증 증세가 있거나 자살하는 사람들은 그들 자신을 조절하지 못 할 만큼 가속을 낸 것 같다.

지금까지 줄곧 한 가지만을 생각하며 달려왔다. 내 인생의 행복과 발전을 위해 울고 웃으면서 한고비 고비를 조심스럽게 넘어왔다. 이제 와서 새삼 행복이 무엇인지, 잘 사는 게 무엇인지 알 수가 없어 이리저리 흔들리는 자화상을 본다. 마음껏 달리고 싶어도 방향을 잃을까봐 좀처럼 나아갈 수가 없었다.

달릴 수 있는 힘을 길러야겠다는 생각을 일깨워 주는 어린 아들을 보며 지친 몸에 활기를 불어넣는다. 나의 분신인 소중한 아들딸들에게 어머니의 역할을 다하려면 벌써부터 기력이 약해져서는 안 될 일이다. 그들에게 든든한 버팀목이 되어야 하기에 오늘도 현관문을 나서며 신발끈을 단단히 동여맨다.

## 비 내리는 날

　사랑하는 어머니를 차가운 땅속에 묻고 한없이 울었던 날에도 비가 구슬프게 내렸다. 그날 이후 비가 내리는 날은 알 수 없는 가슴앓이가 되풀이되고 있었다. 비가 오면 괜시리 비를 맞으며 돌아다니다 감기에 걸려 된통 고생을 했다. 어디론가 훌쩍 떠나고 싶은 마음에 바닷가 행 버스를 타고 바다를 보러 가곤 하는 방랑벽이 생긴 것도, 내 삶의 중심이 되는 어머니를 잃은 후유증임을 오랜 세월이 지나서야 알게 되었다.
　사랑하는 분을 가슴에 묻고 산에서 내려온 지 30여 년이 지났다. 그 당시 텔레비전 연속극에서 어머니를 잃고 고생하는 아이들의 장면이 나오면 눈을 떼지 못한 채 속으로 한참을 울었다. 인간의 죄에 대해 생각하게 된 것도 그 무렵이었다. 교회에 찾아가 내 죄를 모조리 다 토해내면 돌아가신 어머니가 살아 돌아올지도 모른다는 엉뚱한 발상으로 기독교 신자가 되었다. 어쩌면 아주 어린 시절에 들은 예수님의 부활 이야기를 믿은 탓으로 생긴 착각 때문이었다.

  창밖에 칠흑 같은 어둠을 타고 비가 내리고 있다. 그동안 마음에 쌓였다. 묵은 때를 말끔히 씻어내는 빗줄기가 정겹기도 하고 가벼운 상처를 남기기도 한다. 문득 창문에 서린 김 너머로 보고 싶은 얼굴 하나가 어른거린다. 남편과 결혼하기 전 알게 된 사람들에게서도 어머니와 같은 근원적인 사랑을 찾을 수 없어 절망한 적이 있었다. 사랑의 폭은 아주 조그만 풍선 크기 정도이며 예고 없이 터져 사람을 놀라게 하는 성질이 있다. 영원불멸하며 끝없이 주기만 하는 애틋한 사랑은 꿈속에서나 얻을 수 있는 허상이었다.

  20년 전 큰오빠가 결혼을 하던 날에도 비가 엄청나게 쏟아졌다. 궂은 날씨에도 많은 하객들이 결혼을 축하해주었는데 나만 오빠를 잃은 것 같은 서러움에 한없이 눈물이 났다. 평소 밤낮을 가리지 않고 일만 하던 오빠는 화병으로 짧은 생을 마쳤다. 큰오빠를 생각하면 하늘 나라에서 어머니를 만나 행복하게 잘 살기를 염원한다. 이 세상에서 받지 못한 사랑도 듬뿍 받고 모든 상처가 깨끗이 치유되었으면 한다.

비가 많이 오는 날, 좋아하는 친구와 분위기 있는 카페에서 술 한 잔 하며 정다운 이야기도 나누고 음악을 듣고 싶은 게 요즘 나의 바람이다. 결혼을 한 뒤로 친구를 만나기도 힘들뿐더러 만나도 서로 바빠 툭 터놓고 대화를 하기 어렵다. 음악감상이나 술 한 잔은 생각도 못 하는 일이 되었고 만나도 가족 이야기와 자식 이야기로 시간을 보내기 일쑤다.

이제는 어떤 사람이든 사랑의 힘에 의존하는 실수를 범하고 싶지 않다. 인간이란 자신도 모르게 다른 사람에게 기대고 싶은 심리가 있는 걸까. 그로 인해 받는 마음의 상처를 잘 알면서도 또 다시 기대를 하고 있는 걸 보면……. 

벌써 6월의 문턱에 들어서니 더위가 실감난다. 조금 있으면 땡볕 더위와 함께 장마가 시작될 것이다. 비가 많이 내리면 금세 물에 잠기는 지역주민들에게 엄청난 피해가 생긴다. 아파트 앞에 있는 온천천도 폭우가 내리면 물이 넘쳐 길가 화단에 핀 꽃들조차 형편없이 망가진다. 흙탕물로 뒤덮힌 조그만 하천을 보면서 저렇게 허술하게 관리를 해도 되는 것인지 의문스럽다. 올 한 해는 그런 피해를 줄일 수 있도록 미리 대비를 잘 하면 좋겠다. 수재민들의 넋 나간 얼굴이 환하게 웃는 모습으로 바뀌었으면 한다.

며칠 전 비가 퍼붓고 바람이 세차게 부는 날, 우산이 휘어지고 비바람에 날아가 온몸으로 비 세례를 맞으며 출근을 했다. 고작 조그만 우산 하나 없을 뿐인데 속수무책으로 비에 완전히 노출되어 속옷까지 젖어버렸다. 황당하고 속상하면서도 우산의 힘이 얼마나 큰지 깨닫게 되는 순간이었다. 어머니가 살아 계셨더라면 비에 옷이 젖은들 별 수 없을 터인데, 삶이 서글플 때 달려가 안길 수 있는 곳이 없으니 비가 올 때 우산이 없는 아이처럼 여겨진다. 창밖을 물끄러미 바라보고 있노라니 노래 한 구절이 떠올라 입 속으로 되뇌어

본다. '지금 빗속으로 걸어가는 내겐 우산이 없어요.'

　인생이 한평생 순탄할 수만은 없어서 그 고비를 잘 넘기는 지혜가 필요하다. 삶의 한고비 고비마다 같이 동행해 줄 벗이 한 사람이라도 있다면 세상 살기가 좀 더 수월할 것 같다. 우산처럼 비가 올 때나 힘들 때 나를 위해 조그만 힘이 될 수 있는 그 무엇이 내겐 없다. 나의 삶이 벌거벗은 느낌이 드는 것도 그런 맥락인지도 모르겠다. 이제 나에게 꼭 맞는 옷 하나 걸치고 편안한 모습으로 살아가고 싶다. 나 스스로 우산을 만들어야 한다면 영원불멸한 하느님을 닮아 가는 길을 가리라.

　습기가 많아 짜증이 앞서는 날, 푸른 잎을 달고 느긋하게 물기를 빨아들이는 나무들이 부럽다. 축축한 땅에 뿌리를 묻은 채 한 올 한 올 생명을 다듬어 간직한 저 풀들이 부럽다. 곧 시들고 물들어 떨어지고 말 잎새들이지만 저들은 다시 또 빗물을 머금고 환생의 기쁨을 누리지 않는가.

　내 유년의 기슭에 고운 치마 입고 웃고 있던 어머니는 무얼하고 계시나. 오랜 시간 내면에 묻어둔 시린 상처들을 내리는 빗물에 흘려보내고 남편과 아들딸, 친구들, 동료들, 이웃들 모두 뜨거운 포옹을 하며 공존하는 기쁨을 누리고 싶다.

## 그 사람

 며칠 동안 물 폭탄을 퍼붓던 하늘이 맑게 개었다. 대지는 예쁜 코스모스가 한들한들 피고 곡식이 익어 가는데 내 마음은 자꾸만 서글퍼진다. 친구들은 승진을 하여 발령이 나고 축하 소식을 주고받는데 나는 아직 제자리에 있다. 장마로 인해 만신창이가 된 집들을 텔레비전으로 지켜보며 속상해하던 것과는 또 다른 아픔이다. 파란 가을 하늘을 보고 눈물이 나는 것은 지난날에 대한 후회가 밀려오는 때문일까.
 나는 언제나 나에게 주어진 조건 속에서 열심히 살았다고 자부한다. 어린 시절 엄마가 돌아가셨을 때도 애써 눈물을 거두고 공부에 전념하여 성적이 좋았다. 혼자 남은 아버지께 기쁨을 주기 위해서 내가 할 수 있는 일은 공부뿐이라 더욱 그랬다. 덕분에 아버지는 항상 내가 다니던 중학교 학부모 모임에 시간을 내어 참석하셨다. 학교 선생님들과 친구 부모님들이 아버지를 부러워하며 딸을 잘 키웠다고 칭찬하는 것이 자랑스러웠던 모양이다.

이제 50여 년 살아온 자리를 돌아보니 굽이굽이마다 사연이 배어 있다. 결혼을 하면 좋아질 줄 알았던 여러 가지 환경은 역시나 힘든 것이었다. 남편을 믿고 살면서도 극복하기 버거운 집안 대소사와 경제적 어려움은 나를 지치게 했다. 잔뜩 돈을 모아 호기롭게 살고 싶은 소망도 이루어지지 않았고, 남보다 돋보이던 영민함도 사라지고 고운 모습도 추해지니 가끔은 만사가 귀찮고 마음이 혼란스럽다. 모든 걸 다 팽개치고 싶은 감정을 가진 경우도 있었지만 다시 힘을 내어 앞으로 나아간다. 모든 시련과 아픔을 참고 견디다보면 좋은 날이 올 거라 기대하면서…….

30대 초반, 결혼 생활에 적응을 못하고 있는 시기에 잠시 나를 격려해준 친구가 있었다. 나의 모습과 성격을 있는 그대로 인정해준 유일한 사람이었다. 친구도 동료도 아닌 그를 우연히 만나 비록 짧은 시간을 보냈지만 잊을 수 없는 좋은 추억이다.

어느 날 그가 어디론가 사라져버렸다. 어떤 이유로 멀리 가버렸는지 알 수 없다. 비가 오는 날이나 하늘이 눈부시게 푸르른 날은 마치 서정주의 시처럼 얼굴이 떠오른다. 매우 심하게 고독을 느낄 때 가벼운 산보라도 할 수 있으면 좋겠다.

남편과 살면서 실로 많은 추억을 쌓았지만 세월이 흘러서인지 그저 시큰둥한 사이가 된 것 같다. 또 우리 부부의 성격 차이는 세월이 좁혀지고 있지만 '만장일치'가 되지 않는 것은 나의 잘못이기만 할까.

인생은 마라톤이라고 하는데 반환점을 돌고 보니 발걸음이 더욱 무겁다. 남편과 아이들에게 잘 대해주고 싶은 마음은 가득한데 몸이 따라주지 않는다. 직장일이나 집안일로 조금만 무리를 하면 몸살이 나고 힘에 부친다. 아침에 일찍 일어나는 것도 어려워 아침잠이 없는 남편이 식사를 준비하는데 여간 미안한 게 아니다. 간혹 남편이 불만을 표시하거나 피곤해 할 때는 가슴 한구석이 서늘하다. 나도 남편도 점점 늙어가는 것이 안타깝고 처량하다.

 산 주위로 흩어져 있는 운무의 아름다움을 감상하다가 문득 산으로 눈을 돌린다. 초록빛 수목들을 바라보며 마음의 안정을 찾는다. 나도 남편에게서 평화를 찾고 행복을 가꾸어 나가고 싶다. 지난날의 아픔과 슬픔은 모두 잊은 채 즐거운 삶을 살아야겠다. 그래, 앞을 보고 다시 가는 거야. 내가 미흡한 부분은 남편이 채워주고 나도 남편을 위해 내조를 잘하도록 힘써야겠다.

 예쁜 겉모습이 사라지고 명석한 두뇌도 내비치지 못할 만큼 희미해졌으나 아직 자부심은 잊지 않고 있다. 큰며느리로 내가 맡은 일은 지극정성을 다하였고, 이따금 친척이나 시댁 식구들에게 속상할 때도 많았지만 내색 한 번 없이 지냈다. 그게 속앓이가 되어 몸도 마음도 점점 지치고 피로가 역력했지만 그들은 전혀 눈치채지 못했다. 그런 연유에서인지 작년 11월 '효도가족상'을 받았다. 달랑 종이 한 장 받느라 이런 고생을 했나 한탄하면 눈물이 앞을 가리지만 언젠가는 아이들에게 축복이 돌아오리라 믿으며 마음을 다잡기도 했다.

　올해 '대통령상'을 받고 보니 열심히 산 보람이 있는 듯하다. '지성이면 감천이다'라는 말을 되새기며 오늘도 묵묵히 내 길을 간다. 그 옛날에 가졌던 열정을 가슴에 품고 사랑하는 사람과 함께 멋진 여생을 보내리라. 뒤돌아보지 않고 앞만 보고 달리면 더 이상 후회하지 않게 되리라 믿는다. 나의 잘못된 습관과 행동들도 모두 수정하여 제대로 한번 살아보고 싶다.

　'어화둥둥 내 사랑, 그 사람'이 내 남편이었노라 당당하게 말할 날이 왔으면 한다. 나에게 아픔을 준 사람들은 자신을 되돌아봐 주었으면 한다. 그리고 내 곁을 스쳐간 모든 사람들이 나에 대한 좋은 추억만 간직하기를 기원한다. 나는 언제나 이렇게 당당히 외치고 싶다.

　'나는 나의 삶을 사랑했고 후회없이 살았노라.'

## 기다림

　'선생님과 함께 하는 스마트 교육 콘서트'에 참석하였다. 너무 이른 시간 센텀시티 CGV영화관에 도착했다. 스마트 수업에 관한 연수를 받고 마지막에는 '헝거'라는 영화를 보여 준다고 해서 신청하였는데 20분 이상 기다리려니 무척 지겨웠다.
　잠시 후 교사들이 어느 정도 도착하자 개막을 하였다. 인간은 세상에 태어나 여러 차례의 기다림을 겪게 된다. 인생의 절반에 다다른 나에게도 잊혀지지 않는 기다림들이 있었다. 남편을 만나기 전까지 몇몇 남자들과 교제를 하며 결혼의 꿈을 키웠다. 한 달 만에 부부의 연을 맺게 된 남편을 만나지 않았다면 어떤 남자와 결합을 하게 되었을지 가끔 궁금하기도 하였다.

딸 둘을 낳고 십여 년 만에 아들을 낳았다. 아들이 태어난 날은 그야말로 우리 집안의 축제날이었다. 시할머니와 시어머니께서는 만세를 불렀고 남편은 가슴이 벅차 말을 잇지 못하였다. 나 또한 오랜 숙제를 해결한 것 같아 속이 후련하였다. 그런 아들이 벌써 고등학생이 되었다. 자신의 발전을 위하여 노력하는 모습이 대견스럽다.

인생의 절반을 넘어선 나이에 또 다른 기다림으로 바쁜 시간을 보내고 있다. 남편과 자식의 뒷바라지로 인해 엄두를 내지 못했던 높은 위치를 향해 오로지 내 자신의 삶에 초점을 맞추고 노력하는 중이다. 이 길에 들어선 지도 십여 년의 세월이 흘렀지만 아직도 갈 길이 남아 있다. 숨이 차고 감당하기 힘든 날에는 이 길에서 벗어나고 싶지만 그런 생각은 한순간이고 목표에 도달할 때까지 계속 행진을 해야 한다.

올해 8월에 정년퇴임을 앞둔 선생님을 볼 때마다 부러운 마음을 금할 수가 없다. 내가 정년퇴임을 맞이할 때는 어떤 모습일까. 그때까지 건강을 유지하며 잘 견뎌낼 수 있을지 가끔 걱정이 된다. 나와 남편은 성격이 급해 무엇이든지 빨리 척척해내는 편이다. 그래서 어떤 일이나 결과에 대하여 지그시 기다리는 것이 미숙하다.

글을 쓰기 시작한 지 10년이 되어간다. 좋은 작품 하나 써서 작품집을 낼 생각으로 차일피일 미루다 보니 너무 늦어지고 있다. 내년에는 기필코 나의 수필집을 내고 출판기념회를 해 볼까 한다. 거기에 큰 상까지 타게 되면 더욱 좋을 듯싶다. '누군가 나를 주목하고 있지 않을까.' 하는 설렘도 가져본다.

많은 기다림 끝에 현재를 살고 있다. 그리고 또 다른 기다림을 마음에 담아 부지런히 하루를 보낸다. 두 딸의 결혼도 기대가 되고 아들의 멋진 미래도 꿈꾸어 본다. 또한 알콩달콩 살아가는 우리 부부의 노후를 생각하면 저절로 신이 난다.

내가 이 세상에 와서 남기고 갈 수 있는 것은 무엇일까? 나의 이름 석자, 그리고 자식들에게 좋은 책 몇 권 놓고 가면 그들은 나를 오랫동안 기억해줄까. 어린 시절에 엄마를 잃고 십여 년마다 사랑하는 가족을 먼저 보냈다. 아버지, 큰오빠, 작은오빠가 사라진 세상에 우리 삼남매만 남았다. 과연 우리들은 얼마나 더 긴 생을 견딜 수 있을지 두렵다.

　모든 일에 노심초사 걱정을 하는 나에게 하느님은 가끔 이렇게 속삭이신다. '무거운 짐 모두 내려놓고 편히 쉬어라.' 아직 하고 싶은 일도 많고 가지고 싶은 것도 많은 내가 깊이 새겨들어야 할 말이다. 그런데 그 말을 자주 잊고 또 다른 무엇을 위해 밤낮을 가리지 않고 달려가고 있다. 나의 승진과 성공을 위해 한시라도 놓치고 싶지 않아 발버둥을 친다. 이것이 바람직한 삶이라고 생각하면서……

　요즘 지친 몸과 마음에 휴식이 필요함을 절실히 느끼고 있다. 조금 천천히 가도 나의 목표는 이루어지리라 믿으며 신선한 공기를 마시며 쉬고 싶다. 오늘 하루도 가슴 깊이 행복을 바라며 살아간다.

## 보디가드

　35년 만에 초등학교 동창회에 참석한 남자 친구가 제일 먼저 나를 찾았다고 한다. "경숙이는 어디 있노?"라며 내 안부를 묻는 친구에게 나를 잘 알고 있는 친구는 "경숙이 안 만나는 것이 더 좋을 텐데…."라며 은근슬쩍 떠보았다고 했다. 그래도 막무가내로 나에 대해 물어오는 친구에게 다음 모임에는 꼭 올 테니 그때 대면하라고 했단다.
　여름방학이라 시간적 여유도 있고 친구들도 보고 싶어 8월 모임에 참석하였다. 지난 모임에서 나를 찾았던 친구를 만났다. 겉모습에서 고생을 많이 한 흔적이 보였다. 머리도 희끗하고 얼굴에 주름도 많아 우리 또래보다 나이가 들어 보였다. 나도 모르게 실망스러운 마음을 감출 수가 없었다. 아마 그 친구에게 기대하는 마음을 가졌었나 보다.

초등학교에 다닐 때 어머니가 반대하던 육상을 하였다. 지금의 키 그대로 몸무게는 삼분의 일 정도로 장대 같은 여자 아이였다. 그래서인지 나는 덩치가 크고 개구쟁이인 친구들이 키 작은 남학생이나 여학생들을 괴롭히는 것을 막아내는 역할을 도맡았다. 지금의 이 친구도 나를 자신의 '보디가드'로 생각하였던 모양이다.

항상 방방 뛰는 '선머슴애'였는데 달리기를 잘하다 보니 꽤 인기가 많았다. 그때의 애칭이 '날으는 독수리'였다. 단거리는 바람의 저항을 적게 받으려면 일자로 팔을 저어야 하는데 나는 특이하게 독수리가 날아가는 모습으로 달렸다. 그래서 육상부 코치에게 지적을 많이 받았지만 꿈나무였다. 아마 계속 운동을 했다면 크게 성공했을지도 모르겠다. 지금처럼 몸도 비대해지지 않고 키도 많이 크지 않았을까 싶다.

2003년에 20여 명의 친구들이 모여 동창회를 만들었는데 2005

년까지 3백 명이 늘었다. 나는 대학원 진학 관계로 3년 동안 모임에 잘 나가지 못하다가 2009년에 다시 참석하게 되었다. 동창회원이 무려 2천 명이나 된다고 하니 새삼 놀랐다. 다른 학교와 합쳐져 학교명을 바꿀 때, 우리 동창회에서 서명 운동을 하여 지금의 이름이 되었을 정도로 단합심이 대단하였다. 그래서 나도 초등학교 동창회에 자부심을 가지고 있다.

초등학교 다닐 때 그들의 '보디가드' 역할을 했다고 하는데 지금의 나에게 그런 사람 하나 있었으면 좋겠다. 보디가드는 '다른 사람 신변의 안전을 돌보는 일을 임무로 하는 사람'이라고 하는데 내가 원하는 것은 조금 의미가 다르다고 해야 하나, 나의 어려움이나 고민을 해결하는 사람이면 더욱 괜찮지 않을까 싶다.

세상을 살다 보면 뜻하지 않은 일들이 생기는 경우가 가끔 있다. 생각지 않게 부자가 되는 경우가 있고 오랫동안 만나지 못한 사람을 우연히 만나는 경우도 있다. 그래서 우연이가 부르는 '우연히'라는 노래가 인기가 있나 보다. 이렇게 좋은 일만 있으면 한세상 살만 하지만 그렇지 않은 일도 많다.

　어린 시절, 나에게 큰 힘이 되었던 사람은 '아버지'였다. 초등학교 6학년 때 어머니가 돌아가시고 아버지는 우리 5남매에게 어머니 역할까지 다 하셨다. 직장에 다니시며 쉬는 날에는 우리들 교복을 모두 다리미로 다려 옷걸이에 걸어주셨다. 자식들 관리가 어려워 1년 후 재혼을 하셨지만 새어머니가 집안 살림하는 것을 틈틈이 도와주셨다. 새어머니께서 우리에게 잘 하는지 살피셨고 항상 노심초사하셨다. 다행히 새어머니는 자식이 없는 분이라 우리 5남매를 친자식처럼 잘 키워주셨다.

　중학교 시절, 항상 공부를 잘 한다고 부러워하는 학부모들의 칭찬을 듣고 싶어 학부모 방문의 날에는 아버지께서 꼭 참석하셨다. 운동회에서는 릴레이 선수인 나와 함께 달려 인기를 독차지하셨다. 아버지 덕분에 나는 선생님들과 친구들에게 사랑을 받았다. 그 시절을 돌이켜보면 지금도 눈물이 난다. 이 나이가 되어서야 새삼 부모님의 그늘이 큰 힘이 되었다는 것을 알 수 있다. 지금 아버지가 살아 계시면 좋은 옷도 한 벌 사드리고 싶고, 맛있는 한우도 같이 먹을 수 있는데 그렇지 못해 아쉽기만 하다.

해마다 명절이면 시댁 어른들의 산소에 성묘를 가는데 자식들을 위해 평생을 희생하다 돌아가신 친정아버지의 산소에는 잘 가지 못하고 있다. 마음속으로는 항상 죄스럽고 안타까운데 아버지께서는 돌아가셔도 매번 나를 도와주신다. 내가 이사를 하고 싶은데 집이 팔리지 않을 때, 꿈에서 아버지를 만나고 나면 그 다음 날 바로 집이 팔린다. 곤란한 일이 있어 아버지 산소를 찾아가면 얼마 후 그런 일이 사라져버린다.

지금도 '아버지'는 나의 보디가드이시다. 저세상에서도 딸을 잊지 않고 계시는 아버지에게 진심으로 고맙다는 인사를 하고 싶다. 그리고 천국에서 어머니와 큰오빠, 작은오빠를 만나 행복하게 살기를 기도해본다.

'나의 아버지, 세상의 모든 짐 모두 다 버리시고 행복하십시오.'

## 그림자

　비가 내리는 날은 무언가 잃어버린 것 같다. 나를 따라다니며 감싸주던 기운이 사라져 한없이 무력해진다. 빗방울 속에는 가슴을 아프게 하는 묘약이 있는 걸까. 누군가 받쳐주는 우산을 쓰고 끝없이 걷고 싶다. 알지 못하는 곳으로 여행을 떠나고 싶은 이 마음 가눌 길이 없다. 저 빗물이 흘러가는 곳으로…….
　모든 사물에는 그림자가 있다. 사람의 그림자가 그를 따라다닌다. 어린 시절에는 그림자 놀이를 많이 했다. 내 그림자가 다른 아이의 그림자보다 더 길게 드리워지도록 안간힘을 썼다. 그림자가 길어지는 원리를 알고 난 후부터는 시시한 놀이가 되었다. 때로는 모르는 것이 살아가는 데 훨씬 즐겁다. 무지개를 하늘이 내린 선물이라 믿었던 순수한 시절이 그리운 연유는 무엇일까.

대학 시절, 한 남자가 나를 밤낮으로 따라다닌 적이 있다. 그는 자신의 강의 시간까지 빼먹으며 교문 앞에서 마냥 나를 기다리던 열정적인 대학생이었다. 사람들에게 두려움이 많았던 여린 성격의 나는 그가 너무 부담스러웠다. 피할 수 있는 갖가지 방법을 동원해 그를 멀리했다. 그와 일 년 가까이 숨바꼭질을 했을 무렵, 그는 말없이 서울로 떠났다.

이십여 년이 지난 오늘 창밖을 보며 어렴풋이 그의 얼굴을 떠올려 본다. 이름은 기억이 또렷한데 그의 얼굴은 알 듯 말 듯 하다. 그의 변한 모습을 보면 적잖이 실망할지도 모른다. 그럼에도 불구하고 대학교 1학년 때 만났던 그를 우연히 한 번쯤 다시 만나고 싶다. 아마 그가 내게 준 사랑이 깊었기에 그런가 보다.

누군가 나를 속상하게 할 때 나는 의지할 곳이 없다. 혼자 속으로 삭이면서 이곳저곳을 그냥 돌아다니는 습성이 생긴 것도 나를 위로해 줄 대상을 찾지 못해서이다. 나의 그림자를 가지고 싶다는 생각이 든 것도 불과 몇 년 전부터이다. 내 곁을 항상 따라다니고 언제나 함께 하며 변함없이 나를 아끼고 사랑해주는 그림자 하나 있으면 좋겠다.

얼마 전 성당에서 내가 기댈 수 있는 하느님을 만났다. 그는 나의 생각까지 읽고 나를 잘 이끌어주신다. 가정과 직장에서 모든 사람들의 '복의 근원'이 되고 싶다고 기도를 하니 좋은 일들을 많이 만들어 주신다. 내가 친구들이나 가족 일로 속상해하는 것을 위로해 주시고 그들에게 따뜻한 마음을 가질 수 있게 나를 변화시켜 주신다. 나뿐만 아니라 내 곁에 있는 사람들까지 변화하도록 하시는 하느님의 능력을 믿게 된 후부터 항상 마음 한구석이 든든하다.

11월은 '전도의 달'이다. 내 주위에 있는 사람들에게 성당에 같이 가자고 이끌만한 용기가 없다. 은혜를 많이 입고도 보답을 못하는 꼴이다. 내가 강요하지 않아도 때가 되면 하나님이 그들을 인도하리라 믿는다. 말보다 더 좋은 것은 몸으로 실천하는 것이 아닐까. 매일매일 일상생활에서 남보다 사려 깊고 선한 마음으로 지내다 보면 이웃들도 물들지 않을까 하는 것이 나의 전도 방법이다. 시간이 훨씬 더 많이 걸리고 힘들더라도 최선의 선택이 아닌가 한다.

세상을 살면서 우리 모두는 자신을 지켜줄만한 대상을 찾고 있다. 특히 집안에 큰 일이 있을 때는 더더욱 그런 존재가 필요하다. 미래를 알 수가 없고 자신의 판단이 맞는지 확신이 서지 않을 때는 누군가에게 간절히 소원을 빌어보기도 한다. 마음이 헐벗고 괴로운 날, 의지할 사람이 없는 게 가장 큰 고통임을 한번쯤은 느껴보았을 것이다.

## 해바라기 꽃

 화창한 봄날이 가고 햇살이 따가운 여름이 내 몸을 끈끈하게 한다. 만물의 싹이 움트고 서서히 예쁜 꽃을 피우는 봄은 언제나 설레고 아름답다. 봄에 피는 꽃들은 우리의 마음을 핑크빛으로 물들인다. 분홍색 벚꽃, 진달래꽃은 마치 새로운 연분이라도 생길 것마냥 내 마음을 흔들어 놓는다. 봄만 되면 새로운 친구 하나 만들고 싶은 것도 그런 연유에서인가 보다.
 가장 좋아하는 계절인 화사한 색채의 봄보다 언제부터인가 녹음이 짙은 초록 여름이 좋아지기 시작했다. 늘 변함없이 그늘을 만들어주는 나무들의 무성함이 신기한 마술을 보는 듯하다. 작년 겨울 한 잎도 남김없이 전부 떨어져 벌거숭이였던 나무에 주렁주렁 달린 나뭇잎들은 생명의 신비를 느끼게 한다.

그 중에서 항상 해를 바라보는 해바라기 꽃이 눈에 들어오기 시작한 것은 사람에 대한 믿음이 점점 없어지고부터이다. 제대로 된 사랑 한 번 해본 적이 없는 것 같다. 사십여 년을 살면서 한곳만 바라보고 살 만큼 열정이 없는 것인지, 조금 정을 붙이고 사랑이라는 믿음을 가지게 될 쯤이면 이별을 고하고 마는 슬픈 사랑만 했다. 또한 나를 사랑하는 사람들도 적당히 사랑하는 척하다가 내가 그것을 받아들이지 못하면 미련 없이 떠나갔다. 기다림이라는 단어는 그들에게 전혀 어울리지 않았다.

전미경의 '해바라기 꽃'이라는 노래를 들으면 왠지 모를 씁쓸함이 가슴에 남는다. '일편단심'의 사랑을 간절히 원하지만 한 번도 그런 사랑을 받아 보지 못한 '갈망 증세'가 나타나는 것이 아닌가 하여 내 자신을 추스리며 노래를 따라 불러본다.

내 사랑은 해바라기 꽃 당신만을 바라보면서
까만 밤 하얀 밤 달빛 속을 지새며

순정을 먹고 사는 꽃
아침 해가 뜰 때까지 당신을 그리며
이슬 맞고 피어나는 꽃
이 밤이 새면 태양을 바라보며
일편단심 님 그리는 꽃
해바라기 꽃을 아시나요

　주변에 많은 사람이 있지만 가슴 한 구석에 구멍이 난 여자의 외로움을 채울 만큼 대단한 사람을 만나지 못했다. 인연이 없어서인지, 내 성격이 모난 탓인지, 예민한 나이에는 심각한 고민거리였다. 이제 사십 고개를 지나 오십에 다가가면서 새삼 그 문제를 해결하고 싶다. 새로운 사람을 기대하며 희망을 가지기 보다는 정말 한마음으로 나를 이해하고 사랑하는 '예수님'을 바라보기로 하였다. 이제야 나의 해바라기 꽃을 찾은 셈이다.
　화가 치밀 때나 슬픈 일이 있어 울고 싶을 때도 말없이 나를 바라보며 위로해주는 예수님의 사랑을 느끼며 인간의 서늘한 그늘에서 벗어난다. 사람에게 받는 기쁨보다 큰 축복을 받는 셈이다. 오늘도 지친 영혼에 새 힘을 불어 넣기 위해 피곤한 몸을 이끌고 성당으로 향한다. 미사를 드리고 밝은 마음과 힘찬 발걸음으로 집에 갈 것이다. 나를 진심으로 이해하는 그 무엇이 있는 것처럼 행복한 일은 없다.

눈을 감고 걸어도 보고 싶은 얼굴, 나의 해바라기 꽃을 잘 키워 이 한세상 멋지게 살고 싶다. 사랑 듬뿍 받고 베풀기도 하면서 잔잔히 미소 짓는 아름다운 얼굴의 소유자가 되고 싶다. '미워도 다시 한 번'이라는 영화 제목처럼 내 주변에 원망이 가득한 사람들을 사랑하는 마음으로 대하다 보면 그들도 분명히 변할 것이라 믿는다. 사랑은 분명 나의 가슴에서 너의 가슴으로 전해지는 메아리이리라.

## 서 있는 사람들

　차를 타고 바닷가를 달리다 드문드문 바위에 서 있는 남자들을 본다. 한 손에 긴 장대를 든 남자들은 사진 속에 담긴 사람들처럼 동작이 정지되어 있다. 망망대해를 바라보며 서 있는 사람들의 등뒤로 우리 삶의 양면이 반사되어 빛나고 있다. 바다를 바라보는 얼굴의 밝음과 등뒤의 어두움이 교차하는 모습은 장엄하기까지 하다.
　그들이 듣고자 하는 소리는 무엇일까? 아마도 힘차게 바위를 때리는 파도의 외침이 아닐까. 자유로운 솟구침이자 강한 신념의 표출인 그 소리는 절망과 좌절을 이겨내게 하는 소리이리라. 그 소리가 그들에게 의욕과 활력을 주리라 믿는다.
　요즘 신문 기사를 보게 되면 전혀 알지 못하는 사람들에게 분노가 치민다. 생활고에 시달리다 자살하는 사람들의 나약함에 할 말을 잃어버린다. 그들은 세상살이에서 단 하나의 월척도 낚지 못 했던 것이다. 마음의 힘이 될 수 있는 그 무엇도 가지지 못했다. 앞이 보이지 않는 절망 속에서 그들에게 빛을 주는 단 한 사람이라도 있었다면 당당하게 세상을 살아갈 수 있지 않았을까.

나 역시 큰 행운을 바라며 기도하는 순간들이 있다. 성당에 가면 성모 마리아 앞에서 잠깐 묵념을 한다. 고귀한 모습으로 나를 내려다보는 그녀의 인자한 눈과 부드러운 미소는 세상살이에 찌든 나의 영혼에 생기를 불어 넣어준다. 마치 바다를 비추는 등대가 길 잃은 어선들을 인도하듯 마리아는 나에게 새로운 삶을 인도해준다. 지난날들의 허물을 벗고 새롭게 나아가야 할 방향을 바라보게 한다.

'저 바위에 서 있는 사람들은 무슨 생각들을 하고 있는 걸까. 오직 물고기를 잡겠다는 염원 하나만을 가지고 하루 종일 뜨거운 햇볕을 받고 있는 걸까.'

그들을 향한 의문이 생기자 그들의 표정 하나하나 자세히 훑어보게 된다. 연세가 지긋한 할아버지, 시큰둥한 얼굴의 아저씨, 사이가 좋아 보이는 부부, 그저 옆에 있는 것 자체로 행복해 보이는 연인 커플, 얼굴이 까맣게 타 버린 전문적인 강태공. 남편과 같이 낚시하러 온 아내의 모습에서 삶을 아름답게 가꾸어 나가는 향기가 느껴지고, 젊은 연인의 장난기 어린 모습은 한창 좋은 시절의 추억을 떠올리게 한다.

그보다 더 궁금한 것은 혼자 바위에 서 있는 사람들이다. 낚시를 좋아해서 온 사람들임은 짐작이 가지만 그들의 속내는 알 길이 없다. 남의 시선은 아랑곳없이 넓은 바다를 보며 자신이 걸어온 길을 성찰해보고 서 있는 사람들이 많은 한 우리 사회는 그만큼 강건해지지 않겠는가.

지하철을 타러 갈 때면 시커먼 얼굴에 덥수룩한 머리를 한 채 한쪽 모퉁이에 비스듬히 누워 있는 노숙자를 보게 된다. 가족을 떠나 홀로 버려진 사람들의 몰골은 가족의 소중함을 더욱 가슴 깊이 되새겨준다. 그들을 보며 앉는다는 것은 삶의 활력과 여유를 잃음을 뜻한다. 우리 사회에서 서서 일하는 직업은 별로 대우받지 못한다. 높은 지위에 올라갈수록 편안한 의자가 있는 근사한 사무실에서 여러 사람의 부러움과 눈총을 함께 받으며 하루의 일과를 보낸다. 안락의자에 앉아있는 그들이 차츰 막다른 길에 다다라 초조하고 불안해한다는 말을 듣고서야, 새삼 서서 일하는 것에 대한 피로를 잊게 한다.

나는 서 있는 의미를 이제야 제대로 이해한다. 내일을 향해 나아가려면 비약할 여력이 있는가를 확인해야 한다. 나아갈 여력이 없으면 나도 오늘 여기에 서 있을 수 없다.

간혹 일상사로부터 떨어져 혼자 지내고 싶을 때가 있다. 더 나아가 세상 밖으로 이탈하고 싶다. 자신도 모르게 찾아드는 삶의 권태와 허무의 늪에서 허우적거릴 경우도 있고, 더러는 세상사에 지치고 존재의 무게에 치일 때도 있다. 그럴 때 사람은 서 있어야 한다. 앉거나 누우면 그 순간 바로 퍼져서 일어나기가 힘들다. 서 있다는 것은 아직 움직일 수 있다는 증거다. 주저앉을 수 없다는 무언의 메

시지이기도 하다.

  인생에 정답은 없다. 자신의 길을 가면서 옆으로 눈을 돌려보되 마음은 한 곳을 향해 나아가야만 성공이라는 목표에 도달할 수 있다. 인생이란 전력투구의 경기장이나 다름없다. 우연으로 또는 천행으로 이루어지는 승리는 아무런 쾌감도 희열도 없다. '보람'을 목표 삼아 자신의 힘과 노력을 아끼지 않는 데서 비로소 삶의 참뜻을 찾을 수 있다.

  멀리 오래 날기 위해서는 서 있어야 한다. 내가 처한 곳에서 밝은 마음으로 꿈을 먹으며 살아가는 하루하루가 차곡차곡 쌓일 때, 내 삶의 질도 높아지리라 믿는다. 오늘도 뒤척이는 파도를 서서 바라보며 이마에 흐르는 땀을 닦고 있다. 내가 여기 서 있는 것도 내일의 생을 준비하는 과정이라 할 수 있다. 서 있다는 것은 여력의 표현이 아닌가!

## 미련

　오십을 넘기면서 자꾸 뒤를 돌아보는 날들이 많아진다. 나의 지난 세월은 과연 얼마나 가치가 있었을까. 결혼 전까지는 나 스스로 하는 일들이라 계획대로 잘 이루어졌다. 결혼 후부터는 지금까지 아쉬웠던 부분들이 머릿속을 맴돈다. 부부중심에서 가족으로 변화하는 과정 속에서 제대로 되지 않은 일들이 마음을 아리게 한다. 둘이 하나가 되고 또 여럿이 힘을 합치는 것은 마음먹은 대로 되는 일이 아니기에 상처만 주고받다 시간이 흘렀다.
　사람을 사귀는 일에 서툰 성격이라 호의적인 감정을 잘 표현하지 못했다. 마음이 아주 여리면서도 오히려 강한 척했고 나에게 관심을 보인 사람들에게 담담히 대했다. 그들에게 미안한 마음이 들어 만남의 기회를 다시 가지고 싶다. 대학교 1학년 미팅 후 줄곧 따라다녀 피곤했던 J, 미국에 이민을 가서 살자고 했던 K, 유난히 나의 마음을 잘 이해해주었던 H 등 잊을 수 없는 얼굴들이 그립다. 한번쯤 우연히 만나고 싶지만 지금의 내 모습을 보면 적잖이 실망을 할 것 같아 마음을 접는다.

다른 사람의 입장을 헤아리고 부탁을 들어주다 보니 쓸데없는 일들까지 참견하였다. 장사하는 사람들의 물건을 잔뜩 사 와 돈을 낭비하기도 했다. 단명한 나의 부모와 형제들을 생각하며 그에 대비한 보험도 엄청나게 들었다. 또 투자가 어떤 건지도 모른 채 원금 손실도 많이 냈다. 다행스런 점은 집값이 오르면서 조금씩 마음의 평안을 찾을 수 있었다. 만약 나에게 투자를 할 수 있는 기회가 주어지면 전문적으로 공부를 해 제대로 투자도 하고 틈틈이 저축을 하여 부자가 되고 싶다.

누구나 가지 않은 길에 대하여 미련과 아쉬움이 남는다고 한다. 나 또한 이루지 못한 인연들에 대한 그리움이 남아 있다. 그리고 성공하지 못한 일들에 대한 좌절과 절망이 수시로 찾아와 나를 괴롭힌다. 내가 좀 더 계획적이고 치밀하게 살았더라면 더욱 좋은 결과를 가져올 수도 있지 않았을까.

낙엽이 떨어지는 가을이 되면 나 자신이 왜 이리 혼란스러운지 모르겠다. 돌아서 갈 수 없는 길이고 시간임을 알면서도 다시 되돌리고 싶은 심정을 어느 누구도 짐작조차 하지 못하리라.

찬바람이 몹시 부는 날, 싸늘한 기운에 감기가 들 것 같다. 멋진 풍경이 펼쳐진 찻집에서 따뜻한 커피 한 잔과 쉴 수 있는 여유를 가지고 싶다. 그리고 나의 이야기를 들어줄 사람과 많은 이야기를 나눌 수 있다면 얼마나 좋을까. 이 세상 떠나는 날 아무것도 가져갈 수 없지만 내가 느끼는 감정과 추억은 고스란히 내 몫이 되지 않을까.

오래전에 본 점괘에서 주변에 사람이 귀하다는 것은 알았지만 진정 내게는 속마음을 훤히 보여줄 상대가 흔하지 않다. 홀로 왔다 가는 길이 인생이라지만 가슴이 뛸 만큼 사랑을 해본 적도 받아보지도 못했다. 어쩌면 그런 사랑을 받았는데 모두 잊은 것은 아닌가 하는 착각도 해보지만 가슴 한 편은 늘 허전하였다. 어린 나이에 어머니를 잃은 날부터 충만한 사랑에 기쁨을 느껴보지 못한 탓이다.

 엄마로서 아이들에게 잘해주고 싶었고 지금도 최선을 다하려고 노력한다. 그런데도 직장 생활로 아이들의 입학식이나 졸업식에는 제대로 참석을 하지 못했다. 두뇌가 명석한 두 딸을 잘 이끌어주지 않은 것 같아 죄책감이 들 때도 있다. 한순간 다 커버린 아이들이 취직을 하고 이제 막내아들을 잘 챙겨야 하는데 일이 많은 나에게는 어려운 과제이다.

 훗날 정년퇴임을 할 것인가 또는 명예퇴임을 할 것인가는 나와 남편의 승진 여부에 달렸다. 두 사람 중 둘 다 성공하면 보람이 아주 클 것이고 단 한 명이라도 이루어지면 만족할 정도이다. 내년이 우리 부부에게 가장 중요한 시점인데 충분한 노력을 하였으니 행운만 따라주면 좋겠다. 우리 부부가 흘린 땀방울과 시간이 결실을 맺으면 기쁨의 눈물이 펑펑 쏟아지겠지.

 한 많은 나의 인생에서 가지 못한 길과 맺지 못한 인연에 대한 잡념을 버리고 새 길을 찾고 싶다. 그리고 지금의 인연에 고마운 마음을 가지고 행복한 삶을 살아야겠다. 지나간 것에 대한 집착과 미련은 내 인생에 아무런 도움이 되지 않음을 알기에 현재의 시간을 소중히 보내야 한다. 먼저 세상을 떠난 부모님과 두 오빠의 영혼이 천상에서 행복하기를 빌며 그들도 내 마음에서 내려놓고자 한다.

바람이 불면 흔들리다가 다시 제자리로 돌아오는 억새처럼 중심을 잡고 살아야겠다. 세상 풍파에 꺾이지 않고 부드럽게 대처하는 지혜를 가지고 편안한 시간을 보내리라. 어느 가수의 노래 한 구절을 떠올리며 이 가을의 매력에 빠져본다. '가다 말다 돌아서서 아쉬운 듯 바라본다. 미련 없이 후회 없이 여자답게 길을 간다.'

흠도 많지만 심성이 곱고 성실하며 전체적으로 괜찮은 여자임을 나 자신에게 세뇌를 시키며 힘든 상황에서 벗어나리라.

'아쉬운 미련아, 물러서라!'

## 모빌

　갓난아기가 있는 방에 들어가니 예쁜 모빌이 빙글빙글 돌고 있다. 바람결에 흔들리는 모빌을 바라보는 아기의 눈망울이 곱기만 하다. 가만히 누워 있어도 아이는 모빌의 흔들림에 따라 미지의 여행을 떠나는지도 모른다. 먼 미래의 자기 모습을 그리며 방긋 웃는 것은 아닐까. 마치 앞으로 자신에게 일어날 모든 일을 알고 있는 듯하다.
　다람쥐 쳇바퀴 돌듯 똑같은 일상에서 벗어나고 싶은 날, 아침 일찍 가방을 메고 집을 나서는 사람을 따라 길 떠나고 싶은 유혹에 마음 한 자락이 무겁다. 사람으로 인해 상처를 받은 날은 바람 따라 정처 없이 떠돌고 싶고, 구름 따라 마음 닿는 데로 흘러가고 싶다. 삶의 중심에서 벗어나 새로운 세계로 향할 수 있었으면 하는 환상을 가져본다. 가고 싶은 곳으로 통하는 블랙홀이 있다면 얼마나 좋을까.

출퇴근을 하며 지나는 길에 가득 피어 있는 억새가 바람결에 나부낀다. 질서 정연한 그들의 흔들림에 마음이 한껏 부풀어오른다. 자연의 순리에 따라 피어나 사람들의 가슴에 낭만을 심어주고 흔적만 남기고 사라지는 풀줄기에서 알 수 없는 향수를 느낀다. 어느 날 문득, 그들의 몸짓에서 누군가가 부르는 소리를 듣는다.

인간이 지나간 자리에도 추억만 남고 육신은 흔적조차 남지 않는다. 그런 사실을 잘 알고 있으면서 사는 일에 급급해 좋은 시절을 덧없이 흘러보내고 있다. 시간의 한 조각 한 조각이 모여 전체를 이루는 나의 삶은 40여 년 세월의 층을 겹겹이 쌓고 있다. 순탄하게 지나 온 둥근 모양이 있는가 하면, 모가 나 있고 울퉁불퉁해 보기 싫은 부분도 있다. 매끈하고 수려한 탑을 쌓는데는 실패한 것 같다.

명절이 되면 많은 사람들이 고향을 찾아 이동한다. 도시의 메마름과 삭막함으로 찌들린 영혼에 생기를 불어 넣어주는 시골의 부모님이 계시기 때문이다. 언제나 싱그럽기만 한 자연의 냄새를 잊지 못 해 해마다 먼길을 마다하지 않고 고향으로 달려간다. 연휴의 끝이 아쉽고 발길을 돌리는 것이 못내 서운하다. 일상의 탈출에서 다시 원점으로 돌아오는 것이 모빌의 흔들림과 닮았다.

　나는 도시에서 태어나서 시골의 정서를 잘 모른다. 어릴 적 외할머니집에 갔던 기억조차 희미하다. 시골에서 자란 사람들은 정서가 풍부하다고 한다. 자연에 대한 추억도 많고 사연도 가지가지이다. 가끔 메마른 나의 가슴을 들여다볼 때면 그런 생각이 더 간절하다. 그래서 더 자주 어디론가 떠나고 싶은 충동을 느끼는 것일까. 발 닿는 데로 가다 보면 알 수 없는 희열에 빠져 되돌아오기 싫을 때가 있다.

　결혼 후 시댁이 첩첩 산골이라 1년에 두세 번 찾아간다. 10년 전부터 여름에는 시동생들과 동서들이 모두 모여 계곡에서 물놀이도 즐기며 고기를 구워 먹는다. 사람이 워낙 많다 보니 일거리가 수두룩하지만 그 맛이 일품이라 해마다 모이고 있다. 6촌까지 포함한 열한 가구가 모이는 우애 있는 가풍을 이어가는 역할을 잘 해내야 한다. 때로는 속상하고 힘에 겹지만 나에게 주어진 일이라 더욱더 잘하고 싶다.

인생이란 보이지 않는 승차권 하나 손에 쥐고 떠나는 기차여행과 같다. 연습의 기회도 없이 한 번 승차하면 시간은 거침없이 흘러 되돌리지 못하고 절대 중도에 하차할 수 없는 길을 떠난다. 가다보면 강아지풀이 손 흔드는 들길이며, 푸른 숲으로 둘러싼 산들이며, 금빛 모래사장으로 눈부신 바다도 만나게 되어 밝고 아름다운 행복을 느낀다.

때로는 어둠으로 가득한 추운 터널과 눈보라가 휘날리는 매서운 길이며 숨 막힐 듯한 뜨겁고 험한 길을 지나갈 경우를 맛본다. 그러나 고통과 막막함을 느끼는 곳을 지난다고 해서 우리의 손에 쥐어진 승차권을 내팽개쳐 버리거나 찢어 버릴 수는 없는 것 아닌가.

지금 빛이 보이지 않는다고 해서 목적지에 도착하기도 전에 중도 하차하려는 인생은 어리석다. 어두운 터널을 통과하고 나면 보다 아름다운 햇살이 나의 머리맡에 따스하게 비칠 것이라는 희망을 안고 인내하며 사는 게 인생의 묘미가 아닐까.

김경숙 수필집

**2** 그리운 가족들

## 면사포

 엄숙한 음악이 흐른다. 세례를 받기 위한 예비 신자들이 맨 앞줄에 앉아 있다. 새로이 태어날 자매들의 머리 위에서 하얀 면사포가 눈부시게 빛나고 있다. 지난날의 삶에서 벗어난 그녀들의 얼굴에 잔잔한 미소가 흐른다. 4년 전 나의 모습을 보는 듯하다. 설렘과 두려움으로 긴장했던 그 날의 기억이 눈앞에 또렷하다.
 사랑하는 남녀가 결혼을 할 때 신부는 흰 면사포를 쓴다. 혼자만의 삶에서 두 사람이 하나가 되는 의식을 더욱 빛나게 해주는 하얀 면사포, 신부의 순결함과 아름다움을 더하는 역할을 잘 해내고 있다. 마음속에 지닌 모든 불순함을 없애고 다시 태어나는 순간의 상징물로 지금까지 사용되는 경우가 많다. 하얀 면사포를 쓴 사람들을 보면 사뭇 가슴이 두근거리고 다시 되돌아보는 것도 그런 연유에서이다.

  내 인생에서 가장 행복했던 순간도 하얀 면사포를 썼던 그 날이다. 한껏 치장을 하고 한 남자의 옆에 서서 행복의 단꿈을 꾸던 시간이 잊혀지지 않는다. 짧은 식이 엄청 길게 느껴졌던 추억이 새삼 그립다. 거울 앞에서 비대해진 몸과 꺼칠해진 얼굴을 마주하니 마치 다른 사람인 것 같다. 공주에서 하녀로 추락한 여인네가 나를 멀뚱하게 쳐다보고 있다. 기억 속에 머물러 있는 천사 같은 모습을 잃은 저릿함이 거울을 잔뜩 흐려 놓는다.

  오랜 시간 방황을 하다 천주교로 개종을 하였다. 미사 때마다 하얀 면사포를 쓰는 일이 어색했지만 날이 갈수록 기쁨을 안겨 주었다. 바람이 매서운 겨울날, 마땅히 갈 곳이 없을 때는 성당을 찾는다. 성모 마리아의 모습을 보면 모든 근심이 눈 녹듯 사라진다. 미운 사람에 대한 원망도 잊고 그들에 대한 연민이 생겨 기도를 하게 된다. 나보다 남을 생각하는 시간을 갖게 되어 흐뭇하다.

길을 가다 웨딩 샵을 보았다. 하얀 드레스와 면사포에서 한동안 눈을 뗄 수가 없었다. 비록 마네킹이지만 방긋 웃고 있는 모습이 예쁘기만 했다. 하얀 턱시도를 입은 신랑마네킹도 신부를 넌지시 바라보는 것 같다. 마치 한 쌍의 천사가 내려온 듯하다. 그들의 얼굴에 환한 미소가 가득하다. 또 한번 결혼식을 올리면 좋을 것 같은 착각에 사로잡힌다. 육체의 결합은 물론이거니와 영혼까지 맺어주는 면사포. 머리 위에 얹힌 하얀 천을 보며 잠시 시름을 잊고 발걸음을 뗐다.

## 잠 못 드는 여름밤

낯선 이국땅에서 잠 못 드는 여름밤이다. 미국이라는 나라를 여행한다고 한껏 들떠 있었던 날이 얼마 지나지도 않았는데 벌써 한국이 그립다. 평소에는 별로 신경쓰지 않았던 가족들의 안부가 궁금하다. 타국의 아름다움과 신기한 풍경에 즐겁기만 할 것이라는 생각에 차질이 생겼다.

워싱턴에서 국립미술관을 관람하면서 디자인을 공부하는 큰딸이 떠올랐다. 이런 기회를 가졌으면 더욱 좋은 교육이 될 것 같다는 아쉬움이 남아 미술 작품을 더욱 꼼꼼하게 둘러보았다. 언제가 큰딸도 이 미술관에 올 수 있을 거라 믿으며 발걸음을 옮겼다.

이삼 일 간 워싱턴 문화를 접하고 난 후 린치버그 대학에서 수업

참관을 하고 강의를 들었다. 강의는 영재교육에 관한 많은 것을 알려줘 그 덕분에 좋은 정보도 얻게 되었다. 그런데 대학 내의 카페테리아에서의 식사는 나의 입맛에 영 맞지 않았고, 수업을 마친 후에는 심심하고 따분해 견디기가 힘들었다. 텔레비전도 없고 컴퓨터도 할 수 없으니 갑갑한 마음이 들었나 보다. 그런 점에서 린치버그의 대학생들에게 감탄을 하지 않을 수 없었다.

한국에서는 일을 마치고 집에 돌아오면 저녁 식사를 빨리 끝내고 텔레비전을 보는 것이 낙이었는데 여기서는 그럴 수가 없다. 또한 가까운 곳에 상점이나 즐길 만한 장소가 없으니 밖으로 나가지도 못한다. 한국에서의 일상은 시간에 쫓겨 바쁘기만 했는데 미국에서는 시간이 너무 많아 어떻게 해야 할지 몰라 안절부절이었다. 매사에 느긋하고 여유를 가진 미국인을 닮으면 좋으련만 그것이 쉽지가 않다.

오늘밤은 동료들이 모여 파티를 열었다. 한국을 떠나온 지 일주일이 지났지만 잘 알지 못했던 동료들과 친해지는 시간을 가졌다.

'사랑의 작대기'라는 놀이를 하면서 짝도 정해보고 오래간만에 늦게까지 맥주도 마시고 즐겁게 수다도 떨었다. 좋은 선후배들을 만나게 되어 매우 흡족하다. 겉으로 보는 것과 달리 대화를 해보면 더욱 친숙해지고 그 사람의 면모를 더 잘 알 수 있다. 깊은 밤, 그들이 돌아가고 난 뒤의 허전함은 무슨 연유인지 알 길이 없다.

　이런저런 생각으로 깊은 잠을 이루지 못했고 다음 날은 몸이 개운하지 않아 힘들었다. 그 다음 날 밤이 되어서야 새삼 남편이 떠올랐다. 한집에 20여 년을 살면서도 간절하게 보고 싶다고 생각해본 적이 없던 그가 이 순간에 떠오르는 것을 보면 나에게 가장 소중한 사람인가 보다. 쓸쓸한 밤에는 사랑하는 사람을 그리워하리라.

　'사랑'이나 '그리움'이라는 단어를 잊어버린 지 오래되었는데 머나먼 미국에서 다시 찾은 셈이다. 내 가족과 함께 하는 시간이 더욱 소중하고 행복한 것임을 되새겨본다. 며칠 후 한국에 돌아가면 그들과 즐거운 시간을 보낼 것을 기대하면서 잠을 청한다. 나에게 '사랑'이라는 느낌을 갖게 해준 모든 이들에게 감사하며 또 다른 행운을 기대하지 않으련다. 이 세상에 어느 누가 깊고 깊은 나의 고독을 채워줄 것인가.

  잠시 다른 곳에 눈을 돌려본들 그 즐거움이 얼마나 오래 지속될 수 있겠는가. 순간의 행복으로 인해 마음 아파하기는 싫다. 허무한 마음을 달래주는 사람 하나 가지는 것이 너무 어렵다는 것을 절절히 느끼면서 내가 가야 할 길을 바로 잡아본다. 이제 다시 한 번 되짚어본다. 나의 삶에 애정을 가지고 내 곁의 사람들과 행복하게 사는 것이 나의 인생임을.

  나의 신이시여, 내 삶이 찬란히 빛을 발하여 큰 소리로 웃을 수 있는 날이 올 수 있게 하여 주소서. '그대는 나의 인생' 그대가 내 곁에서 항상 함께 하기를 두 손 모아 기도하며 꿈속으로 빠져든다.

  잠 못 드는 여름밤이여, 내 곁에서 물러가라!

## 첫째 며느리

　사람의 일생에서 선택할 수 없는 것들이 있다. 세상 밖으로 나올 때 우리가 원하는 부모를 만나지 못한다. 처음 세상에 발을 디디는 순간 정해진 규칙에 따라야 한다. 그래서 우리는 자라면서 부모와의 마찰로 인해 심한 갈등을 겪는다. 첫 시작은 이렇게 숙명으로 정해지는 것이어서 벗어날 수가 없다.
　한 여자가 한 남자를 만나 결혼하는 것도 마음대로 되는 일이 아니다. 오랫동안 사랑하면서 지내다가 헤어지는 경우도 있고 처음 만난 사람과 인연이 되어 결혼하는 사람도 있다. 옛날 사람들은 부모가 정해준 배필에 따라 결혼하는 것이 당연하다고 여겼고 나의 경우도 후자에 해당한다. 그래서 결혼 후에 남편에게 적응하느라

꽤나 힘들었던 시간이 새삼 떠오른다.

　장남, 장녀는 하늘에서 내린다고 한다. 집안의 첫째로 태어나보지 않은 사람은 결코 알 수 없다. 나는 2남 3녀 중 넷째로 태어나 언니 오빠의 사랑을 받으면서 아주 곱게 자랐다. 그런데 시집을 가고 보니 시아버지는 돌아가시고 시할아버지, 시할머니, 시어머니가 계셨다. 가까운 친척들을 비롯하여 백여 명이 넘는 대가족을 이끌어야 하는 자리였다. 항상 받기만 하고 자란 나에게 베푸는 일은 너무나 힘겨운 고통이었다.

　친정어머니께서는 '너는 막내에게 시집가서 여행도 많이 다니고 즐겁게 살았으면 좋겠다.'고 하셨는데 왜 하필 장남과 결혼을 하게 되었을까. 나의 첫 시집살이는 집안의 대소사에 적응하는 것이었다. 시어른을 대신하여 주말에는 다른 사람의 결혼식에 참여했다. 또한 방 한 칸에 살면서 시댁 제사도 떠맡아야 했다. 단지 '장손 며느리'이라는 이름 하나로 모든 짐을 지고 가야 하다니 정말 힘겹고 고단한 시간들이었다. 나도 하늘의 선택을 받아 '첫째 며느리'가

된 것일까.

　이십여 년을 줄기차게 달려와서 뒤를 돌아보니 그동안 시할아버지, 시할머니는 돌아가시고 시동생들도 모두 결혼을 하여 자리를 잡았다. 집안의 제일 윗자리에서 호령하시던 시삼촌의 기세도 많이 누그러지셨고 나도 어느새 중년의 여자가 되었다. 비껴갈 수만 있다면 이 자리를 벗어나고 싶었던 마음도 사라지고 내 몫을 잘 감당하고 있다. 이제 '첫째 며느리'로서의 품위도 지키고 있고 다른 사람들보다 두세 배 더 노력한 결과 집안의 모든 문제들이 다 해결되었다. 그러나 그 속에 녹아든 눈물과 상처는 그 누구도 짐작하지 못하리라.

　오십에 가까워지는 나이가 되니 남편은 세월 탓인지 점점 겸손해지고 유순해지는 듯하다. 학창 시절에 공부를 잘해 일등을 놓치지 않던 나는 세월이 흐르면서 점점 자신감을 잃고 있었다. 남편은 결혼을 한 후 박사학위를 받아 더욱 발전하는데 나는 점점 초라해지는 것 같아 이런저런 고민도 많이 하였다. 그러나 나름대로 최선을 다하고 살았으니 후회는 없다.

　글을 잘 쓰지 못하지만 수필가가 되었고 교육대학원에서 뒤늦게 석사 학위도 받았다. 학교생활도 열심히 하고 교육청 영재들도 가르치고 있다. 다만 우리 아이들에게 좀 더 정성을 쏟지 못한 것이 안타깝고 아내로서 남편을 잘 챙기지 못한 것이 아쉽다. 맞벌이를 하면서 스트레스를 풀지 못해 낭비도 많이 한 것 같다.

　이번 여름에도 우리 가족을 비롯하여 열두 집 식구들이 시골집에 모여 피서를 즐길 것이다. 시댁 계모임은 육촌까지 모두 참석하여 우애를 자랑한다. 시원한 계곡에서 고기도 구워 먹고 술도 한 잔 하면서 이런저런 이야기로 즐거운 시간을 보낸다. 여자들은 밥상을 차리고 설거지를 하느라 고생이 많다. 올해는 아랫동서나 시누이들에게 모든 일들을 맡기고 나도 편안하게 휴식을 취해보면 어떨까 한다. 큰며느리의 혜택을 누려 볼 셈이다.

　이제 첫째 며느리는 힘들다는 관념에서 벗어나 자유로운 삶을 살고 싶다. 몇 년 후면 두 딸도 결혼을 할 것이고 막내아들도 훌쩍 커

버려 같이 지낼 시간도 많지 않을 것이다. 이제 우리 가족과 함께 오붓한 시간을 가져야겠다. 가끔 영화도 보고 맛있는 것도 먹으러 가고 싶다. 우리 아이들에게 힘들게 한세상을 산 어머니로 기억되고 싶지 않다.

우리 아이들에게는 '첫째'나 '종손'이라는 멍에를 넘기고 싶지 않다. 그들은 날개를 활짝 펴고 이 세상을 즐겁고 편안하게 살기를 바란다. 그들이 원하는 직업을 가지고 행복하게 살았으면 하는 바람으로 전생의 모든 업보를 말없이 힘겹게 갚았다고나 할까!

## 미운 오리 새끼

　매년 5월이면 어버이날 행사를 시골집에서 치른다. 시댁 형제들과 사촌, 육촌 친척들이 모이는 대대적인 행사이다. 항상 거리가 가까운 포항 시누이가 음식을 준비하고, 우리 가족이 제일 먼저 찾아가 여러 가지 사태를 파악한다. 우여곡절 끝에 시골집이 생겼는데 관리를 하는 일이 만만치 않다. 가끔 수리도 해야 하고 다른 사람들이 찾아오면 청소도 해야 하니 남편이 할 일이 많아져 여간 힘이 드는 게 아니다.
　오랜 직장 생활을 통해 별별 사람들을 다 만나보지만 남을 속상하게 하는 사람을 보면 화가 난다. 특히 자기의 일도 아닌데 참견을 하거나 험담을 하는 모습을 보면 '왜 그럴까?' 하는 마음에 만나기가 꺼려진다. 다른 사람의 개성이나 성향을 먼저 보면 더욱 좋을 텐데 그것이 가십거리가 되니 안타까울 따름이다. 자신들의 모습을 제대로 파악이나 하는지 의문스럽다.

　시댁 식구 중에도 협조를 아주 잘 하는 형제가 있는가 하면 뒤에서 싫은 소리를 도맡아 하는 자도 있다. 한 부모에서 나왔건만 성격이나 행동하는 것을 보면 천차만별이다. 나는 그들 나름대로 개성을 존중해주고 싶은데 고생만 하는 남편과 나에 대해 칭찬은 못할망정 비난을 퍼붓는 것을 볼 때면 시원하게 뺨이라도 한 대 갈기고 싶다.

　'네가 큰형이나 큰며느리 한번 해볼래!'

　세월이 유수같이 흘러 결혼 25주년이 되었다. 여전히 시댁 일은 힘겹고 시댁 식구들이 친형제처럼 마음 편하지 않는 것이 나의 잘못일까. 해도 해도 끝이 없는 일도 그렇고 물질적으로 손해도 많은 것 같다. 그들이 내 마음의 십분의 일만 알아도 보람을 느끼거나 속상하지 않을 텐데….

딸들도 몇 년 후면 결혼을 해야 하는데 절대로 맏며느리는 되지 않았으면 좋겠다. 이 사람 저 사람 비위 맞추고 행사마다 속 끓이는 일이 없는 그런 남자와 살았으면 한다. 평생 고생만 하며 '미운 오리 새끼'가 되지 않기를 바란다. 그저 자기들 하고 싶은 일 마음껏 하면서 신랑에게 사랑받고 잘 살기를 바란다.

현대 사회도 마찬가지이다. 열심히 일만 하는 사람은 밉상이다. 놀 때 잘 놀고 돈도 잘 쓰고 모든 것에 능통해야 '능력이 있다'고 인정을 받는다. 여건이 안 되어 일만 하고 모임에도 자주 불참하면 잊혀진 사람이 된다. 화려한 학창 시절을 보낸 나는 그것이 너무 싫다. 그 시절에는 '팔방미인'이었는데 출세를 못한 탓에 가슴이 멍할 때가 많다. 다시 그 시절로 돌아갈 수 있다면 내 능력을 한껏 발휘하여 성공도 하고 부자도 되고 싶다. 이미 엎지러진 물이라 되돌릴 수 없으니 현재 상황에 만족하며 최선을 다하는 방법밖에 없다.

지금도 나의 꿈을 향해 고군분투하고 있다. 언젠가는 이루리라 확신하며 힘이 들지만 잘 견디고 있다. 열정이 많은 내가 기쁨의 눈물을 흘리는 날까지 묵묵히 내 길을 갈 것이다. 그리고 때가 되면 가슴 한 구석에 묻어 둔 아픔을 모두 뱉어내리라. 오직 그날을 기다리며 답답한 마음을 달래 오늘도 힘을 낸다. '나는 반드시 성공할 것이다. 그리고 나의 소원을 모두 이룰 것이다.'

이제는 지난 삶에 대한 후회를 접으려고 한다. 내가 선택한 인생을 헛되게 보내지 않았음을 누구보다 잘 알기에 스스로에게 박수를 보내고 싶다. 나의 슬픔도 이제는 멀리 날려 보낼 것이다. 인생은 끝까지 살고 볼 일이 아니겠는가.

미운 오리 새끼가 백조가 되어 우아하게 호수를 거닐 듯 나의 노후는 정신적으로 시간적으로 물질적으로 여유롭게 살고 싶다. 남편과 함께 새로운 시간을 보낼 것을 상상하며 하늘에 대고 활짝 웃어본다.

'하하하, 역시 나는 멋진 사람이야!'

## 여보, 만만세

　결혼 26주년을 맞이하여 지난날을 돌아보았다. 달랑 결혼식 치를 돈만 가지고 방 한 칸 없이 시작하여 아파트를 마련하고 시골에 집과 땅도 마련하였다. 물질적으로 부자가 되었지만 마음에는 찬바람이 휑하니 불 때가 많다.
　각자 자신의 목표를 위해 바쁜 우리 가족들은 얼굴 볼 시간이 별로 없다. 평소에는 직장일로 주말에는 시댁 대소사로 우리 부부는 항상 심신이 피로한 상태이다. 예쁜 두 딸은 대학을 졸업해 회사에 취직하였고 남편은 박사 학위를 받아 강의도 많이 한다. 나 또한 직장에서 하는 일이 많고 능력도 인정을 받았지만 승진을 하지 못했다. 후배들은 계획을 세워 자신의 꿈을 이루기 위해 잘 짜여진 각본

대로 움직이는데 나는 비효율적인 삶을 살았던 것 같다. 하지만 내가 맡은 일은 빈틈없이 하려고 애썼고 다른 사람을 위한 일에도 정성을 다하였다.

요즘 대학교 친구들의 모임에 가면 제일 먼저 들리는 소식들이 교장, 교감으로 승진한 친구들의 이야기이다. 아무 생각 없이 친구가 좋아 참석한 내가 초라해지는 것은 나만의 열등감에서일까. 집으로 돌아오는 길은 언제나 눈물과 한숨이 뒤따른다. 대학을 졸업할 때는 국어과 90명 중에서 제일 먼저 발령을 받을 만큼 똑소리가 나던 나였기에 더욱 나를 비참하게 만든다. 나는 '왜 나를 위해 살 수 있는 여건을 가진 사람과 결혼을 하지 못했을까?' 하는 부정적인 생각이 미치면 모든 것이 우울하다.

나에게는 비장의 무기가 감춰져 있다. 대학교 3학년 겨울방학 때 신발공장에서 아르바이트를 한 후, 나는 1년 내내 도서실에서 줄곧 공부만 하였다. 내가 가야 할 길은 교사라는 것을 알았기 때문이다. 국어과 친구들은 내가 그저 공부만 한 줄 알지만 각 대학의 축제도 마음껏 즐겼고 문학에도 심취한 엔터테인먼트였다. 2003년에 수필가로 등단할 수 있었던 것도 그러한 밑바탕이 깔려 있었기 때문이라고 생각한다.

두 딸이 장성한 후 마음을 단단히 먹고 늦둥이 아들을 낳았다. 집안에 꼭 필요한 아들을 낳고 시댁 어른들과 우리 부부는 만세를 불렀다. 순식간에 집안의 맏아들인 남편과 나의 위치가 더욱 확고해졌다. 그 아들이 벌써 중학교에 들어갈 만큼 자라서 마음이 뿌듯하다.

50세의 삶을 되짚어 보면 어쩌면 내 인생은 '대기만성형'이 아닌가 싶다. 그래서 아직 이루지 못한 꿈을 좇아가며 지칠 때마다 그런 믿음으로 힘을 얻는다. 희망이 있다는 것을 나 스스로 잘 알기에 쉽게 포기하지 않으리라. 아들을 낳고 만세를 불렀던 그때처럼 나와 남편에게 좋은 소식이 있으리라 믿고 있다. 가족 모두 두둥실 춤을 추는 날이 오기를 학수고대하며 지친 몸과 마음에 생기를 불어 넣는다.

결혼 초기에는 장남으로 자란 남편과 막내인 내가 성격이 맞지 않아 티격태격 다투고 삐걱거렸다. 두 딸을 키울 때는 집안 대소사가 많아 스트레스를 심하게 받았다. 쉽게 적응하기 힘들었던 결혼생활이었지만 최선을 다해 온전히 내 삶을 살았다. 이제 정신적으로 조금 여유가 생기니 자꾸만 가슴이 허전하다. 어린 시절의 꿈도 이루지 못했고 내가 기대했던 인생도 아니었던 까닭에 가슴 한구석에 진 응어리가 자꾸 나를 할퀸다. 그 상처로 우울한 시간을 보내야 할 때도 있다.

  지난 일요일, '나 가수' 라는 프로그램에서 박상민이 부르는 '나의 꿈을 찾아서' 라는 노래를 들으며 주르르 눈물을 흘렸다. 나뭇잎들이 아름답게 물든 이 가을에, 나는 심한 열병을 앓고 있다. 앞으로 어떻게 살아야할지 방향을 잡지 못하고 막막한 마음뿐이다. 어린 시절의 꿈들은 사라져가고 초라한 내 모습만 남아있다. 그러나 내 꿈을 포기할 순 없잖아. 내가 가진 꿈들이 쉬울 수는 없지만 나는 꼭 이루어야 한다. 노래 가사의 한 구절 한 구절이 내 마음에 꽂혀 비수를 찌른다.

  '너도 꿈을 향해 가야지!'

사람은 영원한 존재가 아니다. 언젠가는 다시 땅으로 돌아가야 한다. 마지막 순간에도 평화롭게 잠들 수 있는 사람이 되고자 한다. 내가 걸어온 흔적에 눈물로 슬퍼하는 자들이 많았으면 한다. 남편과 아이들에게 좋은 아내 또는 엄마로 남고 싶다. 내 욕심이 지나친 것만은 아니라 생각한다.

"여보, 만만세! 결국 당신은 성공했구려!"를 외치며 한없는 기쁨도 누려보고 팔짝팔짝 뛰어 보고 나면 세상에 대한 내 불평과 불만은 사라지리라. 그리고 나를 잘 알고 있는 모든 친구들도 나의 능력을 더욱 인정할 것이다.

"역시 너는 똑똑하고 멋진 친구야!"

눈을 지그시 감으면 그 모습이 그려진다. 나를 축하해주는 가족들과 친구들에 둘러싸여 행복한 웃음을 짓는 내 얼굴이 화사하다. 그리고 세상 풍파를 잘 견뎌낸 내 모습이 자랑스럽다. 나는 많은 유혹에 휩쓸리지 않고 나답게 잘 살았다.

'나의 삶은 언제나 성실하고 진실했노라!'

## 가족

 언제부터인가 가족의 의미를 잃고 산다. 가족들이 함께 모여 식사를 하고 대화를 하는 것이 쉽지 않다.
 대학 진학이 목표인 학생들은 밤늦게까지 학교에서 자율 학습에 시달린다. 그것만으로는 미덥지 못한 학부모들의 교육열로 인해 집으로 돌아가야 할 늦은 시각에 학원으로 달려간다. 남편들은 직장 내 스트레스를 풀기 위해 네온사인의 유혹을 뿌리치지 못한다. 술을 마시거나 자신을 위한 오붓한 시간을 보내고 새벽이 되어서야 집으로 돌아온다. 밤이 되어도 여간해서 함께 하는 시간을 가지기 어렵다.
 우리 가족은 여섯 명이다. 시어머니, 나와 남편, 두 딸과 막내아들로 이루어진 대가족이다. 세대 차이가 많이 나서 그런지 가끔 시어머니와 딸들의 충돌이 빚어진다. 할머니의 시선으로 보면 나이 어린 손녀들의 행동이 거슬린다는 것을 잘 안다. 그들의 대화를 듣고 있노라면 한 집에 사는 일이 쉽지 않음을 실감한다. 고부간의 갈등이 아니라 할머니와 손녀의 마찰 때문에 집안에 어두운 그림자가 드리운다. 긴 세월의 공백을 메울 사랑이 필요하다.

우리 가족이 전부 모이는 날은 집안 행사가 있을 때이다. 결혼식이 있거나 집안 어른들의 생신이 있을 때는 대식구로 북적거려 정신이 없을 정도이다. 음식을 준비하고 대접을 하다 보면 한밤중이 된다. 요즘은 그런 번거로움을 피하기 위해 뷔페나 식당에서 행사를 하는 가정들도 많건만 우리 시댁 식구들은 집에서 정성껏 마련한 음식만 고집한다. 대화를 하거나 같이 어울릴 시간이 없어서 안타깝다.

나는 직장 일로 늘 바쁘다. 아이들에게 맛있는 음식도 해 주고 싶고, 함께 놀고 싶지만 좀처럼 시간 맞추기가 어렵다. 한창 공부해야 할 딸들은 부모와 함께 하기를 꺼린다. 나 또한 그럴 여유가 없다. 집에 돌아오면 해야 할 일이 산더미이고 저녁밥만 먹고 나면 피곤해서 쉬고 싶다. 막내와 놀아주는 것도 때론 힘겹다. 부모의 자격 미달인지도 모르겠다.

아이들과 같이 보낼 시간도 많이 남아있지 않다. 10년도 채 되지 않아 그들은 자기들만의 세계를 원할 것이다. 나이 든 부모와 여행을 하거나 식당에 같이 음식을 먹으러 가는 일도 꺼릴 것이다. 지금이라도 여러 곳을 두루두루 함께 보고 듣는 여행을 해야 하는데 서로 시간이 맞지 않아 제대로 되지 않는다. 부모가 함께 하고 싶어도 할 수 없는 날이 오면 그동안 지난 시간이 얼마나 덧없고 안타까운지를 생각해, 이제부터라도 같이 하는 시간을 가져 보도록 해야겠다.

가족은 부모와 자식, 형제자매의 관계로 한집에서 같이 생활하는 핏줄의 끈으로 이어진 사람들이다. 외모도 비슷하고 생각도 닮은 점이 많다. 우리 마음대로 선택할 수도 없고 버릴 수도 없는 운명적인 만남으로 이루어진다. 또한 오랜 시간 한 울타리에서 살을 부대끼며 살아가는 공동체이다. 그래서 서로 사랑하며 이해해주는 인연을 맺은 이들이다.

한 핏줄을 타고 난 형제자매도 저마다 삶은 다르다. 언니와 나도 성격 차이가 심하다. 나의 두 딸도 다른 면이 많다. 우리 자매가 사는 방법이 다르듯이, 그들의 미래도 같지는 않을 것이다. 다만 각자의 삶을 소중하게 생각하고 행복하길 바란다. 마음이 따뜻한 사람을 만나 사랑을 듬뿍 받고 살면 더할 나위 없겠다.

아들의 잠자는 모습을 본다. 하루 종일 엄마와 떨어져 있어서인지 내 곁에 와서 눕는다. 여러가지 애교와 재롱으로 부모를 기쁘게 해 주는 기특한 녀석이다. 나이가 들어 낳은 자식이라 더 조심스럽게 키우고 있다. 버릇이 없거나 고집이 세면 안 되겠다는 생각이 든다. 자식이 잘 되는 게 모든 부모의 바람이지 않는가.

인생은 나그네길이라고 말한다. 그 길에서 만난 소중한 나의 가족들에게 오래도록 기억되는 한 사람이 되고 싶다. 그들 또한 이 세상의 손님이기에 언젠가 이 땅을 떠날 것이다. 그들과 호흡하고 꿈을 꾸는 이 생은 결코 소홀히 할 수 없는 시간이기에 쉬고 싶은 유혹을 뿌리치고 힘차게 발걸음을 내딛는다.

## 부부

 부부는 살아가면서 닮는다고 한다. 오랜 세월 한집에서 사노라면 외모부터 비슷해지고, 습관이나 취향도 같아진다. 한평생 우여곡절을 겪으면서도 결혼식장에서 한 결혼 서약을 지킬 수 있는 것은 각각 성격이 다른 소유자들이 한솥밥을 먹으면서 자신의 모난 부분을 깎아나가는 고된 수련을 하기 때문인 듯싶다. 어린 시절 아버지를 여의고 독불장군으로 성장한 남편도 얼마 전부터 변화를 하기 시작하는 걸 보면 그 말에 일리가 있다.
 군인이었던 아버지의 성격도 불 같았다. 그러나 겉으로는 엄격하고 무섭기만 한 아버지였지만 집안 행사나 특별한 일에 여자들도 참여할 수 있는 권한을 주셨고 자상한 면이 많으셨다. 시집을 와서 마음에 멍이 들기 시작한 것은 집안 행사에 대한 시삼촌과 남편의 고집 때문이었다. 직장 생활을 하면서 집안의 대소사를 책임지는 것은 말처럼 쉽지 않았다. 시할머니 생신날, 퇴근을 하고 부랴부랴 대구에 가서 아침상을 차려 드리고 출근하는 날은 가슴이 멍하기만 했다. 낙엽이 떨어지는 가을이 되면 낭만을 느끼기보다는 묘사에 쓰일 생선 마리 수를 생각하는 얄팍한 아줌마가 되었다. 22개의 산소에 놓을 생선을 구우면서 했던 마음의 수양도 오랜 세월이 지나고 있다.

남편은 10살 때부터 대구로 나와 혼자 객지 생활을 했다. 몸에 밴 생활 중의 하나는 홀로 있는 시간을 좋아한다는 점이었다. 친구를 만나거나 술을 마시기 위해 밖에서 보내는 시간이 허다했고 어쩌다 집에 일찍 돌아온 날에는 컴퓨터 앞에서 꼼짝도 하지 않았다. 안에 있으나 바깥에 머무나 내게는 존재하지 않은 사람이었다. 선을 볼 때, 모든 조건을 다 제쳐두고 함께 하는 시간이 많을 사람을 선택한 어리석은 판단에 대한 실망감이 오래도록 나를 방황하게 만들었다.

시할머니의 큰 손부에 대한 갈망 또한 컸다. 딸이든 아들이든 잘 키우리라 마음먹었던 내게 아들을 포기하지 못하게 한 것도 아마 그분의 간절한 소망 때문이었으리라. 3대 효부상의 꿈을 심어주시고, 돌아가시는 날에도 내 손을 꼭 붙잡고 놓지 못하셨다. 늘 부담감만 주는 시댁 식구들과 남편의 위치가 주는 책임감이 나의 목을 조르는 것 같아 갑갑하기만 했다. 남 몰래 눈물을 삼키며 그들에 대한 울분을 삭였다.

11월이 되면 결혼 28주년이 된다. 사소한 것에서부터 마찰을 일삼았고, 시아버지의 역할까지 도맡아 하는 남편 뒤에서 편안한 아내가 되고 싶은 철없던 생각도 사라졌다. 명절날 제수 마련을 하는 것도 요령이 생겼고, 어른들과 시동생들이 와도 부담을 느끼지 않을 만큼 숙련된 큰며느리가 되었다. 팔다리가 아프고 목이 뻐근해도 한 상 근사하게 차려낼 수 있는 며느리의 정성도 마다하지 않고, 시동생들이나 동서들에게도 맥주 한 잔 사 줄 수 있는 마음의 여유도 누릴 수 있게 되었다.

몇 년 전부터 제수 음식 장만을 다 하고 난 후, 동서들과 바다가 보이는 근사한 찻집에서 차를 마시며 담소를 나누다 돌아온다. 그들 역시 같은 여자이기에 나처럼 속을 끓였을 것이라는 걸 잘 알기 때문에 앞장서 외출을 권유한다. 남편이 시동생들에게 하던 일을 내가 떠맡게 된 것도 부부가 닮아가는 중인가 보다. 남편의 시선이 부드러워진 것은 말없이 집안 행사를 치러 온 노고에 대한 보답인 듯하다. 거칠기만 하던 그의 언행이 자취를 감춘 것도 아내가 흘린 눈물 방울을 헤아릴 수 있는 세월이 흘렀기 때문이다.

12월이면 오랜 세월 고집을 부리던 남편도 자신을 포기하고 하느님의 품안에 안길 것이다. 작년부터 시도는 했지만 생각대로 되지 않아 일 년이 늦어졌다. 다른 사람의 상처를 외면하고 날카롭기만 하던 남편의 마음이 돌아선 것은 나도 모르는 힘이 작용을 한 것 같다. 한없이 인자하신 성모 마리아의 매력에 빠졌는지도 모르겠다. 크리스마스가 되면 남편과 함께 성당에 가서 첫 영성체를 축하해주고 싶다.

새해가 되면 세 아이에 대한 일과 집안일의 계획까지 달력에 표시하는 일이 되풀이될 것이다. 머리가 빡빡해질 만큼 많은 일들을 기억하고 행사를 치러야 할 것이다. 시어머니의 칠순 잔치를 비롯한 크고 작은 일들 때문에 밤을 지새울지도 모른다. 남편에게도 섭섭한 마음이 생겨 등을 돌리고 싶을지도 모를 일이다.

'네 십자가를 지고 나를 따르라.'는 하느님의 말씀을 명심하며, 지난 세월 두려워했던 시댁 식구들에게 멋진 미소를 보이며 담담하게 일들을 잘 치르고 싶다. 그들이 나를 이해해주기를 바라기 전에 내가 먼저 베풀 수 있는 아량이 넓은 여자가 되고 싶다. 나를 위한 화려한 외출도 서슴없이 할 것이며 남편의 둥지에 갇혀 있는 새가 아니라 하늘을 날아가는 자유인이 될 것이다.

남편을 닮아 가는 나를 보며 원앙 한 쌍을 사러 가야겠다.

## 점점점


　가을하늘이 눈부시게 푸른 날 코스모스를 보러 갔다. 하늘은 하염없이 높고 푸른데 내 마음은 어둡기만 하다. 반백년을 살면서 잘한 것이 없다는 생각이 들면서부터 점점점 초라하기만한 자신이 가엽기도 하고 얄밉다. 어린 시절에 어머니를 잃고 누구보다 당당하고 꿋꿋이 살아왔는데 별로 자랑할 것이 없다. 유독 공부를 잘하여 입이 마르도록 칭찬을 듣던 학창 시절이 그립다.
　결혼을 하고 대가족이 함께 살면서 제대로 기를 펴지 못했다. 항상 당차던 내가 시조부모님, 어머님, 시삼촌 등 여러 시어른들로 인해 주눅이 들었다. 아버님이 안 계신다는 이유로 제사를 비롯한 집안 대소사를 물려받았다. 월세방에서부터 손님치레를 하느라 진땀을 빼야 했고 명절 스트레스는 나를 숨막히게 했다. 시할머니의 장례를 치르고 나서야 겨우 한숨을 돌렸지만 이미 너무 많은 세월이 흘렀다.

 단칸방 하나로 시작하여 아이들 셋을 낳고 기르면서 큰 집으로 이사 오기까지 속상했던 일들은 말로 다 표현할 수가 없다. 깜깜한 밤에 밖에 있던 화장실을 가는 것이 무서워 대소변을 참고 살았다. 시할머니의 생신이나 집안 결혼식에는 그야말로 손님들 대접에 몸과 마음이 지쳐서 남몰래 눈물을 흘렸다. 시간을 거꾸로 돌릴 수만 있다면 물리고 싶은 날들이었다. 물질적 도움을 전혀 받은 것이 없던 우리는 항상 대출을 내야 했고 힘들게 번 돈은 이자를 내며 원통해 했다. 28년 동안의 집안 대소사 비용과 대출 이자만 합해도 아파트 한 채는 더 구입했을 텐데….

 우리 부부는 대가족들의 평화와 안녕을 위하여 불평 한마디 못하고 살았지만 제대로 알아주는 사람 또한 많지 않다. 이제 좀 살만하다 싶으면 여기저기서 사건을 만들어 그것을 해결한다고 마음 고생하는 남편을 보며 가난한 집에 태어난 장남의 존재가 무엇인지 뼈저리게 느꼈다. 특히 어머님께서는 당신의 모든 짐을 우리에게 떠맡긴 것을 알지 못하셨다. 당신도 고된 시집살이로 고생을 하며 살아서 그런지 당연시 여겼다. 물론 손주 셋을 키우신다고 애쓴 것은 인정하지만 당신의 고통을 죄 없는 큰아들이 지고 있음을 모르는 분이셨다. 오로지 제대로 살지 못하는 막내만 걱정하는 분이라 무척 속이 상했다.

이제 시댁식구들 모두 자리를 잡아 잘살고 있다. 남편이 박사학위를 받은 후 그것을 부러워한 시동생, 사촌 시동생, 조카가 박사학위를 받았고 조카는 모 대학교의 교수가 되었다. 비록 우리 부부는 승진은 못했지만 다른 사람들의 발전에 기여한 공이 컸다. 그 덕분에 '가족 효도상'도 받았다. 하지만 그동안 투자한 시간과 노력에 비하면 상장은 단지 하나의 명예에 불과할 뿐이었다.

딸들에게 미안한 것은 삶이 너무 버거워 많은 관심을 주지 못한 점이다. 그런데도 밝고 착하게 잘 자라 준 딸들이 자랑스럽다. 자신의 분야에서 열심히 사는 모습도 보기에 좋다. 매일 눈을 뜨면 그 아이들이 좋은 배우자를 만나 행복하게 살기를 기도한다. 나처럼 힘든 시간을 보내지 않았으면 하는 간절한 바람이다. 아들도 공부만 좀 더 열심히 하여 자신의 꿈을 이루었으면 한다. 우리 부부는 자신의 모든 것을 내놓으며 가족과 형제들의 발전을 지원하고 있다.

지금부터라도 우리의 인생을 살고 싶은데 머리가 하얗게 된 남편과 나는 점점점 지쳐가고 있다. 밤낮으로 이리 뛰고 저리 뛰는 남편을 보면 걱정부터 앞선다. 형제가 편안해지자 가족을 위해 사는 나도 요즘 들어 무척 피곤하다. 옛날처럼 무턱대고 살기에는 체력이 따라주지 않는다.

젊은 나이에 세상을 떠난 어머니, 아버지, 큰오빠, 작은오빠를 생각하면 콧등이 시큰해진다. 성격이 너무 여려 싫은 소리 한 번 내지 않던 부모와 형제들은 거의 화병으로 죽은 것이나 다름없다. 때로는 다른 사람들에게 싫은 소리를 하고 욕을 먹는 것이 더 오래 살 수 있는 방법이라는 생각이 든다. 이제 5남매 중에서 언니와 나, 남동생, 그리고 우리를 위해 고생하신 새어머니만 남았는데 항상 건강이 걱정이다.

　다른 사람을 위해 희생을 하면 기분이 좋을 때도 있지만 때로는 가슴이 터질 만큼 열이 날 때도 있다. 그래서 옛날부터 "열 길 물속은 알아도 한 길 사람의 속은 알지 못 한다."는 말이 생겼나 보다. 오랜 시간 동안 가졌던 미움도 모두 벗어 버리고 가족들에게 더욱 집중하며 행복하게 살고 싶다. 하느님을 믿고 더욱 밝은 미래를 꿈꾸며 무거운 십자가를 내려놓고 싶다.

　공원의 넓은 면적에 코스모스가 만발하였다. 이곳저곳 사진을 찍으며 우리 부부도 꽃처럼 예쁘게 살기를 바란다. 자신의 건강을 생각하고 내가 원하던 꿈을 이루어야겠다. 세상의 모든 시름과 근심을 던져두고 잠시나마 꽃의 한들거림과 예쁜 자태에 빠져보는 즐거운 시간을 갖는다. 지금 이 순간 수많은 꽃을 심어놓은 분들에게 고마운 마음마저 든다. 나도 누군가에게 마음의 평화를 주는 넉넉한 여유를 가져야 함을 다시 배운다.

집으로 오는 길에 언니와 남동생을 만나 점심을 같이 했다. 동생의 근심을 서로 의논하며 가족의 힘을 느꼈다.

가족은 우리 삶의 원천이다. 직접적으로 문제를 해결해주지는 못하지만 실마리를 제공해주고 나를 응원해주는 그들이 있어 지친 마음을 다시 회복한다. 한 부모에서 태어나 짧은 시간 같이 살고 세상을 떠나지만 사는 동안에 형제자매는 꼭 필요한 사람들이다.

요즘 들어 권위적인 남편이 훨씬 부드러워졌다. 예전에 남편은 형제들에게는 아버지였고 시어머니에게는 지아비와 다름없었다. 그래서 남편은 모든 일에 독단적으로 결정을 하고 나에게는 통보만 했다. 직장에 다니는 나의 일정은 전혀 고려하지 않은 채 주말에는 친인척들의 결혼식에 다녀야 했고, 할머니와 비슷한 연배의 분들이 돌아가시면 부의금도 내야 했다. 이십여 년 세월이 지나고 나니 그나마 정리가 되어 경조사가 뜸해졌다. 내년부터는 제사도 줄여서 시아버님만 지내기로 하였다.

올해 초 시골에 조그만 집을 사서 리모델링을 했다. 우리 아들의 미래를 위하여 조그만 터전을 마련해야 한다는 남편의 생각에 동조를 하였다. 시삼촌께서도 무척 반가워하셨다. 그분도 원했지만 당신의 힘으로 이루지 못한 것이 못내 안타까웠던 터라 더욱 좋아하셨다. 이십여 년간 나무를 심고 농사를 지어 온 보람을 느끼시는 것 같았다.

해마다 열두 집이 모이는 친척들의 행사에도 도움이 될 듯싶다. 무엇보다 남편이 퇴직 후에 갈 곳이 있어 더욱 유용하다. 나는 시골을 별로 선호하지 않지만 채소를 길러 신선한 야채를 먹는 것을 좋아한다. 남편이 무공해로 키우는 과일과 채소들이 우리 가족의 건강에 일조하면 더욱 좋지 않겠는가.

남편도 점점점 좋아지고 있다. 그리고 점점점 더 행복해지고 점점점 건강하게 살고 싶다. 여생을 희망과 환희의 삶을 살다 가리라.

'점점점, 점점점 서로 사랑하며 사는 날들이 되리라.'

김경숙 수필집

**3** 그리운 날들

## 변신

　요즘 인기있는 방송 프로그램 중에 '스펀지'가 있다. 살아가면서 반드시 알아야 할 지식들이 방대하다. '스펀지'에서 신기한 정보를 알려주니 보면 볼수록 감탄할 일이 참 많다.
　과학적인 실험도 경이롭지만 사람들에 대한 좋은 정보를 알게 될 때, 마음 한 구석이 찡해온다. 오늘은 실패를 딛고 성공한 사람들의 사례를 보여주었다. 레슬링 선수를 하다 배우가 된 '톰 크루즈', 무명 배우에서 유명한 가수가 된 '마돈나', 투수에서 타자가 된 '이승엽' 등 어둠에서 빛을 발한 사람들을 소개해주었다.
　텔레비전 보는 것을 달갑지 않게 여기지만 가끔 나를 즐겁게 해주는 프로그램이 있다. 목요일에 방송하는 '영남주부가요 열창'은 내가 가장 즐기는 프로그램 중 하나이다. 평범한 주부로 지내다가 노래를 부르기 위해 방송에 출연한 모습이 보기에 좋다. 비록 짧은 시간이지만 그녀들의 새로운 변신에 박수를 보내고 싶다. 노래를 잘 불러서 상을 받는 기쁨보다 그녀들이 방송에 출연했다는 사실이 가슴 벅찬 일일 것이다. 또 다른 면모를 발견한다는 것은 비명을 지르고 싶을 정도로 즐거운 일이 아닐까.

우리 아이들도 다양한 재능을 가졌지만 그것을 빨리 알아채지 못했다. 특히 내년에 대학 진학을 앞둔 고3 딸은 '디자인'을 전공하고자 한다. 그녀가 미술에 소질이 있다는 것은 알았지만 고등학교에 입학해서야 진로를 결정하게 되었다. 밤낮으로 그림에 매달려 있는 딸을 보면 안타까움과 애처로움이 앞선다. 부모로서 안내자 역할을 하고 있는 것인지 갑갑하기도 하다. 먼 훗날 딸이 멋진 디자이너가 되어 주면 정말 더 바랄 것이 없겠다.

아이들을 모두 출가시켜 여유로워진 사람들을 만나면 부럽다. 어느 세월에 막내까지 시집 장가를 다 보낼지 알 수가 없다. 가슴이 막막할 때면 그들과 함께 있는 이 시간이 소중하다고 생각한다. 그들이 자라서 자신만의 둥지를 향해 훌훌 떠날 것이기에 그들의 기억 속에 좋은 추억을 남겨주고 싶다. 항상 개인적인 일로 바쁘기만 한 직장인이라 방학 기간 동안이라도 맛있는 반찬도 해 주고 여행도 자주 다녔으면 한다. 그들이 한 사람의 성인으로 멋지게 변신해서 성공적인 삶을 살기를 기원해본다.

40여 년을 살면서 나도 여러 가지 모습으로 바뀌었다. 여자로 태어나 딸로 귀여움을 받다가 한 남자의 아내가 되었고 지금은 세 아이의 어머니가 되었다. 그러다가 큰며느리로서 부쩍 할 일이 많아졌고 중견 교사로 발전을 했다. 앞만 보고 열심히 달렸지만 길을 잘못 들기도 했고 무거운 책임감에서 벗어나고 싶은 마음도 간절했다. 한참 중심을 잡지 못하고 지내다가 제자리로 돌아오니 꽤 많은 시간이 흘렀다. 지나온 시간을 되돌리고 싶지만 어쩔 수가 없다. 이제부터 화살표를 잘 그려 놓고 그 길로 가는 게 최선책이 아니겠는가.

비가 자주 내리는 장마철이 되면 왠지 모르게 무력감을 느낀다.

항상 시간에 쫓겨 아내로서 살림을 잘하지 못하는 점도 그렇고, 엄마로서 아이들을 잘 돌봐주지 못해 가슴이 쓰리다. 그들에게 애정을 가지고 있으면서도 제대로 표현하지 못하는 것도 나를 힘겹게 한다. 하지만 '혼신을 다한 노력은 결코 배신을 하지 않는다.' 라는 말을 명심하며 나의 일에 그리고 가정 일에 열정을 가지고 임하고 있다. 가족들 모두 행복한 마음으로 그들의 인생에 주인공이 되었으면 한다.

오랫동안 지겹게 내리던 비가 그쳤다. 맑은 하늘을 보니 반갑고 고맙다. 땀에 찌든 여름 이불 빨래를 해서 널어야겠다. 이불이 보송보송하게 말라 우리 아이들에게 포근하고 신선한 촉감을 주었으면 한다. 나도 새로운 모습으로 탈바꿈을 원하는데 지금의 껍질을 벗고 훨훨 날 수 있는 시간이 오리라 믿는다. 내가 벗은 허물을 보며 환하게 웃을 수 있는 그 날을 위해 오늘도 당당하게 달려본다.

'당신 멋져!' 라고 건배를 하는 날이 손꼽아 기다려진다.

## 돌연변이

　어제 '엑스맨'이라는 영화를 보았다. 시간에 쫓겨 선택한 영화라 별 기대를 하지 않았다. 생각과는 달리 의미가 깊고 내용도 알찼다. 독특한 재주를 가진 사람들이 모여 악당을 물리치는 점이 꽤 기발한 아이디어인 것 같았다. 그들은 '돌연변이'라는 굴레를 가진 자들로 세상 사람들에게 무시당하고 놀림 받는 것이 괴롭고 불쌍한 사람들이었다.
　'엑스맨'에 나오는 주인공들은 하늘을 나는 기술, 다름 사람의 마음을 읽는 재주, 화가 나면 주변의 사물을 망가뜨리는 힘 등 모두 특별한 재주를 가졌다. 그런데 사회에서는 인정을 받지 못해 불만이 많은 자들이었다. 그들 중에도 선한 마음을 가진 자와 복수심에

불타는 자로 나뉘어졌다. 같은 운명을 타고난 자들인데 왜 두 부류로 나뉘는지 몹시 궁금했다.

　교직에 몸을 담은 지 이십여 년이 지났다. 내가 가르친 아이들 중에도 현실에 적응하지 못하는 학생들이 더러 있었다. 엉뚱한 말로 수업 분위기를 망치는 아이, 항상 부정적인 태도로 생활하는 아이, 매우 게으름을 피우는 아이 등등…. 가끔 이 아이들로 인해 속상한 경우도 많았다. 그들의 행동을 변화시키려면 엄청난 인내심이 필요하였다. 그들 중에는 이런 점을 악용하는 고단수의 아이까지 있었다. 늘 따뜻한 마음으로 대해주다가도 나 또한 사람이기에 한계에 다다를 때도 있었다.

　나의 무지에서 벗어나려고 '상담연수'를 받고 있다. 실제로 성격 테스트를 하고 강사의 해석을 들으며 사람마다 독특한 성향이 있다는 것을 알았다. 부부도 서로 달라 다툼이 일어나고 이해를 하지 못해 이혼하는 경우가 많다고 한다. 항상 착하게 그리고 열심히 살고 있다고 자부하는 나에게 이해할 수 없는 벽이 있었다. 그 벽의 근원을 알고 나니 새삼 힘이 솟는다. 비로소 나 자신에 대한 이해와 가족, 동료, 제자들 및 다른 사람들에 대한 눈이 뜨이는가 하면 그동안 마음 한구석에 응어리진 덩어리가 쑥 내려가는 기분이다.

두 가지 검사에서 나의 성격을 알아보았다. '애니어그램 Enneagram'을 통한 검사에는 9가지 유형이 있는데 나는 4번 유형에 가장 가까웠다. 타인의 아픈 마음을 이해해주는 공감능력이 있고 자신을 특별한 존재로 여기는 자부심을 가지고 있다. 자기 성찰이 뛰어나고 독창적이며 개성이 뚜렷하다. 그리고 예술적 재능이 있고 최상에 대한 열정이 가득하다. 정말 나에게 딱 맞는 단어들이다.

나는 항상 좋은 점만 생각하며 살아왔기에 부정적인 면에 대하여 지나쳐왔다. 이 유형은 사소한 일에도 상처를 받고 우울해지며 감정의 기복이 심하다는 것을 알게 되니 나의 성격이 타인과 다른 것이 큰 문제가 아니었다. 혼자서 고민하고 힘들어 했던 것이 해결되었다. 가슴 아프게 여겨졌던 것들도 마음속에서 내려놓을 수 있었다.

두 번째 'MBTI' 이론 16개 유형 중에서 나는 'INFJ예언자형'이다. 인내심이 많고 통찰력이 뛰어나며 양심이 바르고 화합을 추구한다. 강한 직관력으로 말없이 타인에게 영향력을 끼친다. 한곳에 몰두하는 경향으로 목적 달성에 필요한 주변적인 조건들을 경시하기도 한다. 자기 안의 갈등이 많고 복잡하며 풍부한 내적인 생활을 소유하고 있으나 내면의 반응을 좀처럼 남과 공유하기 어려워한다.

나에게 좀처럼 떨어지지 않고 따라다니던 '갈증'이 무엇인지 알게 되어 정말 속이 후련했다. 문득 대학을 졸업하기 전에 철학관에 갔을 때 들은 말이 떠올랐다. 나의 사주는 입구는 아주 좁고 밑은 넓은 병이라고 하였다. 그 좁은 입구만 통과하면 모든 것이 다 갖추어진 병인데 그 입구를 통과하는 사람이 적어 외롭다고 하였다.

지난 세월을 돌아보니 마음에 드는 사람이 별로 없어 몹시 힘들었다. 그래서 나는 가끔 '돌연변이'가 아닌가 하는 생각도 해 보았다. 항상 남을 배려하고 잘 대해주지만 그들에게 받는 것은 허전함뿐이었다. 성당에 다니면서 고독에서 어느 정도는 벗어날 수 있었다. 예수님을 생각하면 나는 그런대로 괜찮은 편이다.

나이가 들수록 평화로운 마음을 더 가질 수 있는 것은 어차피 이 세상은 혼자서 왔다가 혼자 되돌아가는 것임을 잘 알기 때문이다. 나는 오늘도 내가 미흡한 것에 대하여 해답을 찾고자 노력한다. 우리 가족뿐만 아니라 친구들, 동료들, 나의 제자들 그리고 나의 주변 모든 사람들을 이해하며 평화롭게 살고 싶다.

## 꽃비

봄비가 꽃을 타고 흐른다. 바람결에 꽃잎들이 살포시 내려앉는다. 커피 한 잔을 들고 베란다로 가니 꽃잎들의 향연에 커피맛이 더욱 향기롭다. 꽃잎 사이로 오래전 잊어버렸던 사람의 얼굴을 떠올리며 지난 추억에 잠시 젖어본다.

벚꽃이 활짝 피어 있는 길을 지나며 감탄을 자아냈던 철없던 시절이 새삼 그리워진다. 언제 꽃을 피웠고 꽃잎을 떨어뜨려야 하는지도 모르던 나의 젊음은 스쳐 지나가 버렸다. 잎이 모두 떨어진 나목처럼 나의 모습이 안타깝다. 다시 되돌릴 수 없는 날들을 생각하니 가슴 한 구석이 저려온다. 어느 가수의 노래가사처럼 한때 잘 나가던 내가 지금은 너무 초라해진 것 같다. '왜 이렇게 되어버린 것일까' 생각하니 마음이 혼란스럽다.

꽃잎을 밟고 싶다. 서둘러 옷을 갈아입고 밖으로 나와 머리 위로 떨어지는 꽃비를 맞으니 금세 기분이 좋다. 살포시 옷에 떨어진 꽃잎이 나를 십대 소녀처럼 들뜨게 한다. 어디론가 떠나고 싶은 충동을 느끼며 함께 멋진 곳으로 여행할 사람을 찾는다.

결혼 후 집안 대소사와 출장으로 바쁜 남편은 주말에 집을 비우는 경우가 허다하다. 평일에는 둘 다 직장에 매여 움직일 수가 없고 그나마 여유가 있는 시간도 혼자인 경우가 많다. 이런 상황을 극복하기 위하여 성당에 다니며 나름대로 정신수양을 하지만 여전히 마음이 많이 허전하다. 시간이 많은 날에는 더욱 갈피를 잡지 못한다.

어제는 오랜만에 '숲' 모임에 참석하였다. 강서구청 지하철역에서 회장님과 다른 회원들이 나를 반갑게 맞이하였다. 주홍색 코트와 바지를 입고 선글라스로 멋을 부린 내 모습을 보고 모두 열광했다. 그들의 환호에 나도 몹시 흥분이 되었다. 아주 가끔 스트레스를 풀기 위해 과감하게 의상을 입는다. 다른 사람들은 멋지다고 얘기하는데 남편은 오히려 짜증을 부린다. 옷 입는 것도 남편의 구속을 받아야 한다니 정말 한심스럽기도 하다.

  나는 좋은 점을 많이 가지고 있다. 항상 모든 일을 열심히 하고 다른 사람에게 상처를 주지 않으려고 한다. 그러다 보니 나 혼자 아파할 때가 많다. 그 덕분에 우애 깊은 형제 사이가 되고 친척들과 잘 지내고 있지만 나의 마음 한 구석은 어두울 때가 있다. 그것을 이겨내는 힘은 주일에 참여하는 미사다.

  한평생을 살면서 자신의 정확한 상태를 깨닫고 사는 사람이 몇이나 될까? 빠른 시간의 흐름을 따라가다보니 가끔은 왜 사는지조차 잊을 때가 있다. 남편을 위해 맛있는 반찬 한 번 제대로 못해주고 아이를 위해 간식도 챙기지 못하며 살고 있다. 좋은 직장을 가진 이유로 많은 시간을 직장 동료들과 보낸 것 같다.

  오늘도 비가 내린다. 창문을 열고 밖을 보니 눈물이 한 자락 흘러내린다. 여행 한 번 가지 못한 채 젊은 나이에 세상을 떠난 오빠들이 안쓰럽고 애처롭다. 그들은 어떤 마음으로 세상을 살다갔을지 궁금하다. 남은 가족들은 마음이 아프지만 잘 견뎌내고 있는데 말이다. 오늘따라 그들의 빈자리가 몹시 아쉽다. 빗물이 흐르는 곳으로 따라가서 만날 수 있다면 얼마나 좋을까.

사랑하는 부모님, 오빠들, 친척들의 수명은 왜 그리 짧은지 모두들 젊은 나이에 세상과 멀어졌다. 내가 철이 없을 때 그들의 주검을 보고 인생의 허무함을 느꼈을 정도로 그들은 세상에서 일순간 사라졌다. 이제 오십의 나이가 되니 문득 그리움이 더 간절하다. 나에게 주어진 세월을 잘 살아야 한다는 부담감과 함께 지나간 시간에 대한 회한이 잠시나마 눈시울을 적시게 한다.

이제 인생의 절반, 반 바퀴를 돌아 원점으로 회귀하려니 결승점에 제대로 도달할 것인지 슬그머니 걱정이 앞선다. 나의 건강 상태를 잘 조절하고 단련하여 긴 생을 살고 싶다. 그리고 한 치 후회 없는 날들을 보내고 싶다. 그러기 위하여 오늘도 바쁜 마음을 달래며 내 길을 간다. 먼 훗날 꽃비를 맞으며 활짝 웃을 수 있기를 기대하며 무거운 발걸음을 사뿐히 디뎌본다.

'나는 성공을 위하여 오직 앞만 보며 달려가리라.'

## 꼬리

　우리나라 옛이야기 중에는 꼬리가 달린 동물 이야기가 많다. 주인을 살리려고 몸에 물을 적시고 풀밭을 뒹군 개 이야기가 있고, 주인의 은혜에 보답하다가 죽은 호랑이 이야기도 있다. 동물도 은혜를 베푼 자에게 보답하는 섭리를 가졌다고 한다. 그런데 유독 사람만 배신을 하거나 도리어 더 많은 피해를 입히는 것은 왜일까.
　살다보면 다른 사람보다 앞서거나 높은 자리를 갖기 원한다. 이십여 년 전, 교육대학을 졸업하고 똑같은 교사로 출발했지만 현재 위치가 달라져 있는 친구들이 많다. 부유한 남편을 만나 여유롭게 사는 친구가 있고, 힘들게 살면서도 자신의 노력으로 출세를 한 사람도 있다. 어떤 삶이 더 가치가 있고 아름다운지는 가치관에 따라 사람마다 다르다. 자신의 굴레를 벗어나지 못한 나 같은 사람에게는 그들 모두가 부럽기만 하다.

　나에게도 더 좋은 조건을 선택할 수 있는 기회가 있었지만 결국 선택의 화살은 나를 비껴갔다. 곰보다 여우 같은 여자가 더 사랑을 받는다고 한다. 자신의 본래 모습보다 오묘한 자질을 가진 자들이 더 나은 삶을 산다고 하면 이 세상을 살아가는 한 사람으로서 세상 살 맛이 없다. 권모술수가 뛰어난 사람이나 아첨에 능란한 사람은 우선은 남의 눈에 잘 들겠지만 끝까지 좋을 수는 없는 것이 세상 이치가 아닌가.

　남을 속여가며 부를 누리는 사람은 망하고, 진실되게 사는 사람들이 축복을 받았으면 하는 것이 나의 바람이다. 오랜 직장 생활을 통해 가끔 이해할 수 없는 일에 대해 분노한 적이 있다. 사람의 됨됨이보다 능력이 우선 순위가 된 현실이 씁쓸하다. 나를 인정해주는 사람이 적어지면서 생긴 피해 의식 탓인가 보다.

　오십을 넘어서면서부터 자신의 인생에 대해 생각할 시간을 가지는 기회가 많다. 사십 대를 '불혹' 이라 부르는 이유를 조금은 알만한 나이가 되었다. 다른 사람들의 흐름에 떠밀리지 않고 나만의 공간을 가지고 여유를 부릴 수 있는 것은 삶의 연륜 때문이다. 흔들리지 말고 곧게 나아가다 보면 언젠가 내가 원하는 곳에 도달할 수 있을 거라는 확신을 가지고 오늘 하루도 집을 나선다.

잠시 나에게도 적당한 꼬리가 있으면 하는 망상을 가져보았다. 다른 사람의 혼을 빼 놓을 만한 미모나 매력을 가져 보고 싶었다. 그런 생각들이 나의 삶에 활력소가 되기도 하고 때론 절망의 늪에서 한참을 헤매게 한 적도 있었다. 천성이 여리고 순수하고 예쁜 모습을 가졌던 때에는 많은 사람들의 사랑을 받았기에 지금의 내 모습이 더욱 슬퍼지기도 했다. 세월 따라 내 마음이 변해 버린 거라 생각하면서도 아프게 파고드는 현실이 싫었다.

이제는 내가 가지지 못한 많은 것과 내가 가지 않은 길들에 대해 헛된 욕심을 꿈꾸지 않기로 했다. 지금 가져야 할 것보다 지키고 잃지 말아야 하는 것들이 더 많다. 어느새 내 나이, 한 가지를 더 가지

려다 보면 한 가지를 손에서 놓아야하는 나이가 되었다. 내가 행복이라 여기는 세상의 모든 것들을 더 오래 더 많이 지키고 잃지 않는 일이 더 중요하지 않겠는가.

세상 속으로 발을 내디디는 하루 하루, 아직도 어딘가 엉뚱한 길로 이끄는 지류가 위험처럼 도사리고 있을지도 모른다. 나의 의지와는 상관없이 흘러가는 삶도 남아 있어서 아직도 세상 속으로 겁없이 나서는 것은 위험한 일이다.

가끔씩 다른 문 밖의 세상들이 유혹을 한다. 조금 더 쉬운 길도 있고, 조금 더 즐기며 갈 수 있는 길도 있고, 조금 더 다른 세상도 있다. 어쩌면 나라는 사람은 우둔하고 어리석어서 힘들고 험한 길을 걷고 있는지도 모르지만, 돌아보고 잘못된 길을 왔다고 후회한 적 없으니 그것만으로도 족하지 아니한가.

활 만드는 사람은 활을 다루고, 뱃사공은 배를 다루며, 목수는 나무를 다루고 지혜로운 사람은 자신을 다룬다고 한다. 아무리 바람이 거세게 불지라도 반석은 흔들리지 않는 것처럼 지혜로운 사람은 그 뜻이 굳어 비난과 칭찬에도 흔들리지 않아야 하지 않을까. 깊은 못물은 맑고 고요해 물결을 흐리지 않는 것처럼 지혜로운 사람은 진리를 듣고 그 마음 저절로 깨끗해지도록 노력하는 것이라 한다. 속상한 일이 무겁게 나를 억눌러도 참고, 주어진 나의 길을 향해 꼬리를 힘차게 흔들며 나아가리라.

## 5월의 장미

 5월의 담벼락에 고개를 내민 장미꽃을 보면 여러 가지 생각이 떠오른다. 예쁜 여자를 '장미'라고 부르던 때에 장미라는 애칭을 가진 여자들은 이미지가 별로 좋지 않았다. 성격 면에서 모가 났거나 남자를 유혹하는 부류의 여자들도 종종 있었다. 그래서 어른들은 장미는 꽃이 예쁜데도 가시가 있어 탐탁치 않게 여겼던 기억이 난다.
 계절의 여왕 5월도 이제 선선하지 않다. 이상 기온으로 인해 불볕 더위가 찾아오고 공기도 후덥지근하다. 5월을 대표하는 장미는 2월에 피는 동백, 3월에 피는 개나리와 진달래, 4월에 피는 벚꽃들보다 색깔도 진하고 요염하지만 5월의 카네이션에 밀렸다. 아름다운 꽃보다 사람 사는 냄새가 묻어나는 꽃이 마음 한 편에 다가오는 것은 나이가 든 탓일까.

　생김새나 외모로 사람을 평가하는 시대도 지나갔다. 외모가 빼어난 여자도 좋지만 가정을 잘 꾸려 나가는 현모양처, 한 나라를 잘 이끌어가는 요직에도 여성들의 진출이 많다. 올해는 특히 대통령도 여성이 되지 않았는가. 장미보다 더 깊고 그윽한 향기를 지닌 여성들의 자태에 감탄을 금치 못한다. 장미도 변신이 필요하다. 단순히 꽃이 아니라 비누로, 향수로 바뀌어 사람들 곁에 오래도록 머물러야 하지 않을까.

　요즘 아이돌 가수들을 보면 상당히 예쁘고 멋지다. 장미꽃이 활짝 핀 것처럼 정말 화려하다. 남자 아이돌도 여자 아이돌 못지않게 얼굴도 예쁘장하고 몸매 또한 날씬하다. 그들을 볼 때마다 부럽기도 하고 가슴이 콩닥콩닥 뛰기도 한다. 우리나라가 많이 발전한 것은 아이돌의 국내외 활동을 보면 알 수 있다. 오늘도 열심히 정진하는 그들에게 박수를 보내고 싶다.

　하얀 백발을 하고 자격증을 따는 할아버지, 앞치마를 두르고 자원봉사를 하는 할머니들을 보면 가슴이 벅차오른다. 한평생 당신의 삶도 힘겨웠을 텐데 다른 사람에게 마음을 쏟는 모습에서 나의 미래도 한 번 생각을 해보게 된다. 그들의 모습이 거창하거나 외모가 뛰어나지 않아도 아름답게 보이는 것은 내 나이가 벌써 오십을 넘어서인가 보다.

나는 그분들에게 장미를 선물하면 어떨까 생각한다. 잠시 꽃병에 꽂아 두고 보는 장미가 아니라 실제로 키울 수 있는 장미 화원을 만들어 주고 싶다. 그분들이 잘 가꾼 장미를 또 다른 사람에게 선물하면 세상이 더욱 아름다워질 듯싶다. 가시를 제거한 새로운 장미가 탄생하지 않을까.

남편이 뜬금없이 '울산 장미 축제'를 보러 가자고 한다. 울산에 연수를 받으러 갔더니 울산 장미 축제에 대한 홍보를 엄청 많이 하더란다. 시어머니에게 함께 가자고 권유해보았지만 내켜하지 않아 우리 부부 둘이 오랜만에 데이트를 하게 되었다. 울산 대공원에 도착하자 입구부터 차들이 줄줄이 서 있다. 주차장이 꽉 차 길가에 차를 세우고 대공원에 들어갔다. 날씨가 더운데다 수많은 인파가 몰려 꽃들을 보는 마음이 여유롭지 않다. 그러나 장미는 역시 매혹적인 꽃이다. 각양각색의 장미를 보며 저마다 개성이 있다는 것을 알았다. 색깔뿐 아니라 모양과 크기가 다른 그들의 모습에서 우리 인간의 모습을 비쳐보았다.

'나도 예쁜 꽃이 되고 싶다.'

겉으로 보기에 좋으면 더욱 만족스럽겠지만 나이가 드니 마음으로 존경받고 사랑을 받는 사람이 되는 것이 희망사항이다. 그러나 다른 사람을 이해하고 잘 지내는 일이 나이가 들수록 어렵다. 각자 자기만의 주관이 뚜렷해지고 욕심도 많아지니 서로 더욱 경쟁을 하고 단점이 눈에 더 잘 띈다. 그래서 수시로 마음 단련 및 수양을 쌓아 제대로 된 노년을 보내고 싶다.

'나는 가시가 없는 수수한 꽃이나 향기가 좋은 꽃이 되고 싶다.'

## 배터리

　얼굴이 화끈거리고 머리가 불덩이다.
　며칠동안 이런 일 저런 일에 매달려 정신없이 시간을 보내다 보니 심신이 지쳤다. 체력이 약해진 데다 일교차가 심해 덜컥 감기에 걸렸다. 연거푸 기침이 나고 콧물도 줄줄 흘러 내려 볼썽사납다. 나이를 한 살 더 먹을수록 감기에 자주 걸리고 기간도 길어진다. 세월의 흐름은 거스를 수 없는 것인가 보다.
　퇴근을 해 병원에 가서 링거 한 병을 맞았다. 머리가 어지럽고 기력이 없었는데 영양주사 한 대가 몸속에 들어오니 점차 원기가 회복되는 것 같다. 지치고 허해진 몸에 들어간 약 기운이 정신을 맑게 하는 것이 신기하다. 원래 병원에 가는 것을 싫어하지만 가끔 건강검진을 정기적으로 받아야겠다는 생각을 하게 된다.

말썽꾸러기 막내가 숙제를 하다가 '배터리'가 없어서 더는 못하겠다고 얘기한 적이 있다. 처음 그 말을 들었을 때는 다소 황당하였는데 지금 이 순간 그 말이 딱 들어맞는다. 대학원에 갔다가 밤 늦게 집으로 돌아가자 자기의 일을 다 마치고 잠들어 있는 아들의 얼굴을 보니 대견스럽기만 하다. 바쁜 엄마라 맛있는 간식 한 번 제대로 먹이지 못하고 일회용만 먹이고 있어 마음 한구석이 아려온다. 오늘부터는 간식도 챙겨 주고 공부에 집중하도록 해야겠다.
　오십 대는 한평생의 절정으로, 할 일도 많고 사는 것도 만만치 않다. 자신에게 맡겨진 임무를 다 하다 보면 마음 편히 쉴 수 있는 여력이 없다. 직장에서는 업무적인 일로 머리가 아프고 가정에서는 아이들 돌보는 일과 가사에 시달린다. 운동을 하려고 다짐을 하고는 한 번도 한 적이 없다. 자꾸 무게가 늘어나는 육체를 위해 적당한 운동도 하고 정신적인 보충도 해야 하는데……
　지난 일요일 '초등학교 총동창회 가족 등반대회'가 있었다. 남편과 오랜만에 같이 가려고 했는데 시댁 형제 모임이 있어 나 혼자 참석하였다. 식물원 입구에 집합하여 등산을 하고 '다인'이라는 식당에서 점심을 먹었다. 사회를 맡아 진행을 하면서 화기애애한 분위기를 만들었다. 각 기수별로 자기소개도 하고 노래 한 곡씩을 불렀다. 점차 분위기가 무르익어 선후배간의 정이 깊어지는 시간을 보내게 되었다.

오후에는 족구장에서 기수별로 족구대회를 열었다 .남자들만 참여하여 예선전을 하였고 결승에서는 각 팀별로 여자 한 명을 포함하여 경기를 하였다. 열정이 많은 나는 적극적으로 족구에 참여하여 "김 샘! 최고다."라는 남자들의 환호를 받았다. 선배들은 나보고 '웬만한 남자보다 낫다'고 하였다.

집으로 돌아와서 목욕을 하고 잠자리에 들었다. 갑자기 주머니 안에 들어 있던 핸드폰에서 '삐삐삐' 소리가 났다. 바지 주머니를 뒤져 핸드폰을 충전기에 연결시켜 놓고 보니, 새삼 나에게도 심신의 '배터리'가 필요하다는 생각이 들었다. 특히 허물없는 사람들과 자주 시간을 함께 하고 싶은데 모두 시간적 여유가 없어 허전함을 달

랠 수가 없다. 잠깐 동안이라도 함께 시간을 보낼 수 있는 그런 편안한 친구 하나 있었으면 좋겠다.

'헤르만 헤세' 전시회를 관람하고 그를 존경하게 되었다. 세 번의 결혼을 하면서 더욱 좋은 작품을 썼다는 안내자의 말에 새삼 부럽기도 하였다. 사랑을 하면 좋은 글을 쓸 수 있게 되나 보다. 우리나라 현실에서는 아직도 '일부일처제'가 당연시 되고 있으니 감히 엄두도 못 낼 일이라 그런지 더욱 대담한 용기에 찬사를 보내고 싶다. 요즘 자상하고 부드러운 남자에게 마음이 끌리는 나를 돌아보면서 씁쓰레한 미소를 짓는다.

새 학교로 옮긴 후 3개월의 시간을 일에 묻혀 지내다 보니 심신이 지친다. 이제 조금 여유가 생겨 주말과 휴일에는 여행을 가기로 계획을 짰다. 모든 고민을 다 털어버리고 훌쩍 낯선 곳으로 떠나 휴식을 취하고 싶다. 진하게 술 한 잔 하면서 유머도 하고 환하게 웃으며 즐거운 시간을 보내고 나면 에너지가 다시 충만해지리라. 나의 매력인 '슈퍼우먼'이 되어 모든 일에 정열적으로 임하게 될 것이다.

## 내가 만일 남자였다면

　새해가 되면 사람들은 일 년의 운세에 대하여 궁금해 한다. 올해에는 어떤 일들이 있을까 하는 호기심과 기대감에 신년 운세를 보는 사람들이 많다. 공공연하게 점을 보러 가는 이가 있는가 하면, 살짝 혼자 알아보는 실속파도 있다. 요즘은 전화나 컴퓨터를 통해 점을 쳐보는 세태라고 한다. 미래지향적인 인간의 속성이 빚는 풍습이 아닐까.
　이십여 년 전, 대학 다닐 때의 일이었다. 졸업 후의 발령과 남자친구 문제로 고민하던 나는 친구들의 제안에 귀가 솔깃해졌다. 점을 쳐보면 미래를 알 수 있다고 하였다. 평소 이성적인 성격이라 미신을 믿는 사람만 보는 것이라 여겼던 나에게 호기심이 발동하였다. 꿈 많은 시절에 가지게 되는 불안과 공포를 해결할 수 있는 방법을 전혀 몰랐기에 더욱 강한 자극이 되었다.

오랜 시간 망설이고 고민을 하다가 친구와 같이 가보기로 마음 먹었다. 학교 근처 철학관이란 곳이었는데 문에 들어서니 책상 하나가 달랑 놓인 사무실이었다. 어둡고 무시무시한 무당집을 생각하며 두려움에 떨었던 나는 다소 안도의 숨을 내쉬었다. 나이 지긋한 아저씨 한 분이 의자에 앉으라고 권유하였다. 생년월일과 태어난 시각을 묻더니 나의 대답을 듣고 대뜸 내 얼굴을 한 번 더 쳐다보았다.
"남자로 태어났으면 한 자리 크게 할 사주팔자인데……."
그 후, 이십여 년을 더 살면서 가끔 그 말이 기억 속에서 되살아날 때가 있다. 첫 임신을 해 아기를 낳으면서 남자로 태어났으면 이런 고통을 겪지 않아도 될 텐데 하는 마음이 간절하였다. 남자들이 알 수 없는 여자들만의 아픔이기도 하니까. 또 남편이 회식으로 새벽에 들어 올 때나 멀리 출장을 가서 집을 비울 때는 여자로서의 비애감을 맛보았다.
아이 셋을 키우며 직장 생활을 하는 것이 쉬운 일은 아니다. 이것저것 챙길 일이 많은데다 빨래도 자주 해야 하고 먹는 양이 많아서

장도 자주 보아야 한다. 더구나 세 아이의 특성에 따라 모든 것을 조절해야 하니 나만의 시간을 가지는 게 만만치 않다.

 귀가해서 컴퓨터 앞에 앉거나 텔레비전을 시청하는 일은 아예 접어둔 지 오래되었다. 남자라면 신경을 쓰지 않아도 될 일을 여자라서 더 피곤할 수밖에 없는 현실이 아닌지….

 몇 년 전부터 초등학교 동창들과 모임을 갖는다. 남자 친구들의 수가 많다 보니 만나면 자연히 술자리가 되었다. 술을 썩 좋아하지 않는 편이지만 분위기에 휩쓸려 술을 마셨다. 그 날은 무사히 집에 돌아왔지만 다음 날 속이 불편하고 피곤해 일이 손에 잡히지 않았다. 그런 일을 몇 차례 반복하고 나니 새삼 남자들의 속내도 알게 되고 그들의 삶에 대한 애환도 듣게 되었다. 가족에 대한 부담감과 직장에서의 스트레스를 풀 수 있는 방법이 술을 마시는 것이라고 했다. 인간의 또 다른 고뇌를 보고 안쓰러운 마음이 컸다. 남자도 쉽게 벗어 날 수 없는 테두리가 있었다.

 그들과의 대화가 나의 삶에 새로운 활력소가 된다. 항상 머릿속이 복잡하고 마음이 자주 흔들려도 여자로서 모든 일을 잘 해나가고 있는 것에 보람을 갖는다. 세상을 지탱해 나가는 것이 '아줌마들의 힘'이라는 말이 실감 난다. 남자에게서 분리되어 만들어진 약한 존재지만 남자의 일부가 여자인 것이다. 특히 경제가 어려운 오늘날, 여자의 역할은 가정생활에 지대한 영향을 미친다.

내가 만일 남자로 이 세상에 태어났다면 출세를 했을지 몰라도 여자의 뿌듯함을 알 수는 없었을 것이 아닌가. 타고난 행운으로 대접받는 것이 아니라 자신의 노력으로 사랑받는 여자임을 그대들은 모르리라. 여자이기에 누릴 수 있는 행복을 더욱 진하게 느끼며 살아가는 미래를 만들고 싶다.

요즘 남자는 여자를 잘 배려한다고 한다. 맞벌이가 유행인 시대라 서로 잘 맞추어 가며 살고 있다. 우리 아들딸에게는 지난날 내가 가졌던 생각이 전이되지 않기를 기원해본다. 여자의 가치가 겉으로만 상승하는 것이 아니라 가정 내부에서부터 바람직한 형태로 자리를 잡아야 하지 않을까.

## 금화

오랜만에 밤에 외출을 하였다. 거의 35년 전 서클 친구들과 선후배를 만나러 서면에 갔다. 택시에서 내리니 길거리에 크리스마스트리가 예쁘게 빛나고 있다. 세상을 살면서 기쁠 때도 있고 한없이 슬플 때도 있다. 그런데 오늘은 그 모든 것을 되돌려 보는 시간을 가질 수 있어 좋았다.

35년 전 금화(금성고등학교 출신 남자대학생 + 소화 데레사여고 출신 여자대학생) 모임에 가입을 하고 얼마 후 첫 미팅을 하게 되었다. 그런데 한 남학생이 너무 열정적이게 밤낮으로 나를 지켜보고 있었다. 그 당시에는 너무 무섭고 힘들어 그를 피해 다녔다. 그 남학생 때문에 금화모임에도 잘 나가지 못했다. 또 다른 연합서클에 가입하여 남동생과 함께 영어 신문도 편집하고 번역도 하였다. 그야말로 나의 전성기여서 좋아하던 선배들도 많았다.

　롯데백화점에서 인숙이와 선희를 만나 국숫집에 도착했다. 세월은 역시 감추기 어려운지 선후배들과 친구들도 많이 변했다. 물론 옛날 모습 그대로인 분도 몇몇 있었지만 조금 낯설었다. 특히 내가 잘 알고 지내던 선배들이 몹시 아쉬웠다. 하지만 그 당시 '24시간 에너자이저, 엔돌핀'인 나를 기억해주는 선배가 있어 마음이 편해졌다. 맛있는 요리들을 먹고, 한 잔 두 잔 술을 마시면서 점점 분위기가 무르익었다. 지금은 2시간도 버티지 못하고 지치는 나의 체력을 생각하면 그때가 새삼 그립다.

　1차를 마치고 2차 노래방에 갔다. 수년 동안 '오락담당'인 나는 이제야 실력을 발휘할 수 있었다. 노래를 부르며 그동안 잊었던 친구들의 특징이 되살아났다. 잘 알지 못하던 선후배들의 개성도 파악하게 되었다. 아, 대학 시절의 기억이 새록새록 되살아난다. 잠시 동안 현재의 고뇌를 벗어날 수 있는 좋은 시간이었다. 다시 돌아가고픈 과거지만 현재로 돌아와야 하는 아쉬움을 뒤로 하고 헤어졌다. 다음에 만날 때는 더욱 기쁜 마음으로 만나기를 기대하면서…….

남편에게 전화가 왔다. '밤이 늦었는데 빨리 와.' 라는 음성을 들으며 꿈 같은 시간에서 깨어났다. 택시를 타고 집으로 가면서 나를 기다리는 남편이 있다는 것이 새삼 고맙고 기쁘다. 때로는 미우나 고우나 남편이 최고일 때도 있으니 현실에 만족하며 살아가야 할 것 같다. 다른 친구들처럼 교장으로 승진은 못했지만 나에게 주어진 달란트를 열심히 사용하며 빛을 발하고 싶다. 크리스마스트리 위에 반짝이는 별이 되고 싶다.

서울에서 직장에 다니는 큰딸 생일인데 모임 및 여러 가지 일로 깜박했다. 결혼 후 28년 만에 건망증이라는 것을 실감한다. 시어머니께서 전화가 오고 남편도 카톡으로 연락이 왔다. 급하게 큰딸에게 문자를 보내고 나니 미안한 마음이 덜하다. 혼자 떨어져 있으니 몹시 섭섭했을 것이다. 딸은 나에게 핸드백을 사 줘서 잘 들고 다니는데, 다음에 부산에 오면 목걸이라도 사줘야겠다.

추억이라는 것은 때로는 위안을 주기도 한다. 그 옛날로 잠시나마 돌아갔다 오니 새로운 힘이 솟는다. 며칠 전까지 직장 이동관계로 속상했는데 마음이 조금 풀어졌다. 나도 한 길만 생각하지 말고 다른 길도 찾아보고 여유롭게 살고 싶다. 운동도 하고 틈틈이 글도 쓰고 친구들을 만나면서 편하게 지낼 나이가 된 것 같다. 허물없이 지낼 수 있는 친구가 필요하고 소식을 전할 수 있는 누군가가 곁에 있다는 것은 행복한 일이다.

이제 되돌아갈 수 없는 과거는 지워버리고 현재와 미래를 위해 새로운 계획을 세워야겠다. 지나간 세월과 인연에 더 이상 연연해하지 않고 더 나은 삶을 위해 도전해야겠다. 그동안 미루어왔던 골프도 배워서 남편과 필드에도 나가고 스크린골프도 쳐야지. 오랜 시간을 같이 보낸 부부는 모습도 마음도 닮는 것 같아 보기가 좋아 보인다. 나이가 들면 부부가 같은 취미를 가지는 것이 서로에게 좋다고 하니 노력해봐야겠다.

김경숙 수필집

**4** | 그리운 꿈들

## 복권

    로또의 광풍이 불고 있다. 시간이 있을 때 한 번쯤 마음을 가라앉히고 듣기 좋은 음악과 맛있는 간식을 준비한 뒤 가벼운 마음으로 스스로에게 '로또 복권이 나에게 주어진다면' 이라는 가정을 해본다. 다른 사람들도 어쩌면 나처럼 '로또의 행운이 찾아온다면' 하고 행운의 여신을 기대하는지도 모른다. 나와 마찬가지로 대부분의 사람들은 돈이 많아야 행복해질 것이라고 생각한다.
    어젯밤 꿈이 괜찮은 것 같아 복권 다섯 장을 샀다. 단 한 장이라도 일등의 행운이 있길 기대하며 고이 접어 지갑 속에 넣는다. 현금이 가득한 불룩해진 지갑을 상상하니 기분이 좋다.
    우리 인생에서 대박의 행운을 갖기는 벼락을 맞기보다 힘들다고 한다. 실제로 당첨된 사람들의 소감을 보면 당첨이 확실해진 경우, 자기 볼을 꼬집어보기도 하고 번호를 몇 번이나 확인한다고 한다. 그들은 외국으로 휴가를 떠난다든지, 사장이 된다든지, 하나의 이상적인 사업을 시작한다든지 등등의 꿈을 꾸며 무척이나 즐거워하면서도 불안한 마음으로 오랜 시간 방 안을 왔다 갔다 할 것이다. 우리는 그들이 부럽기만 한데, 그들은 잠도 제대로 못 자고 살이 빠질 만큼 괴롭다고 하니 이 얼마나 아이러니한 일인가.

경제가 어렵다. 신용 불량자가 삼백만을 넘었다고 한다. 그 중에는 삼십 대 여성이 가장 많단다. 가족을 위해 열심히 살림을 꾸려 나가고 있는 주부들에게 신용 불량이 되는 이유가 무엇인지 궁금해진다. 그들 남편 때문인지, 아니면 그녀들의 소비 때문인지 알 수는 없지만 안타까운 일이 아닐 수 없다. 무엇을 위해 살아가야 하는지를 잃어버린 셈이다.

친척이나 친구들 중에도 조기 퇴직을 하거나 사업이 잘 되지 않아 고민을 하고 있다는 소식을 듣는다. 그들에게는 보다 나은 먼 미래보다 현실의 문제 해결이 더 시급하다. 탈출구를 찾기 위해 안간힘을 써 보지만 별 수가 없다. 그들에게 새로운 희망이 필요하다. 평소에는 관심도 없었던 복권을 산다. 새 출발을 꿈꾸는 동안은 그들이 안고 있는 고통을 잊을 수 있다. 물질의 늪에 빠져 허우적대는 그들에게 복권 당첨은 새로운 삶을 보장해주기도 한다.

얼마 전, 일등 당첨자가 사업에 실패한 사람이라고 말하는 이야기를 들었다. 빚도 갚고 새 집도 사고 사업도 구상 중이라고 하니 참 잘 된 일이다. 그는 심성이 고와 복을 받은 것인가 보다. 엄청난 환희를 맛보게 된 그가 이 세상을 올바르게 잘 살아가면 좋겠다. 그보다 힘든 이웃을 생각하는 미덕도 잊지 않았으면 한다. 돌고 도는 게 돈이라고 하지 않는가.

요즘 나는 집을 사면서 낸 대출금을 갚느라고 땀을 흘리고 있다. 오 년이나 이자를 갚았지만 원금은 여전하다. 집 값은 많이 올랐지만 본전 생각이 난다. 남은 돈도 전부 다 갚을 수 있는 방법을 찾아본다. 월급쟁이들인 우리들에게 특별한 대책이 없다. 세월이 가면

갚을 수 있으리라 생각하면서 사는 수밖에 도리가 없다. 나에게도 큰 행운 하나쯤 있으면 하는 생각을 하면서 복권을 사게 된다.

 복권을 사기 시작하면서 복권의 종류가 많다는 걸 알았다. 복권에는 추첨식 복권과 즉석식 복권이 있다. 추첨식 복권은 추첨 결과를 기다렸다가 확인하는 것이고, 즉석식 복권은 동전을 이용하여 곧 당첨 여부를 확인할 수 있다. 추첨식 복권에는 주택 복권, 플러스 플러스 복권, 슈퍼더블 복권, 스포츠 복권, 또또 복권, e-아름다운 복권 등이 있다. 즉석식 복권은 억마니 한판 복권, 삼세판 복권, 인터넷 녹색 복권, 인터넷 주택 복권 등이 있다. 최근에 생겨 인기를 끌고 있는 로또 복권도 있다. 토요일 밤에 추첨하는 로또 열풍이 조금은 식은 듯하다.

 복권에 당첨된 사람들을 다룬 다큐멘터리를 본 적이 있다. 돈이 많아 행복할 거라 생각했는데 그들의 삶은 비극적이었다. 직장을 그만 두고 사업을 하다 실패한 사람, 바람이 나 아내와 이혼한 사람, 돈을 달라고 요구하며 협박을 받는 사람, 친척들과 관계가 좋지

앉게 된 사람 등등 갖가지 사연도 많다. 돈이 너무 많아도 골치가 아프다는 걸 증명이나 하듯이 그들의 바람과는 달리 인생의 패배자가 되어 앓고 있다. 복권은 즐거움의 적이다. 강아지 옆에서 바둑에 빠져 있는 노인네들은 비록 좋은 집과 재산이 없고 특별히 내세울 만한 경력도 없지만 진정 즐겁게 살아가고 있다.

세상의 일이 잘 풀리지 않을 때 오아시스가 필요하다. 사막을 횡단하다 발견한 조그만 호수가 사람의 생명을 살리는 것처럼 우리에게도 힘든 상황에서 벗어 날 수 있는 도움이 필요하다. 서로의 손을 잡고 행복으로 이끌어 주는 일이 있으면 한다. 물질적인 것보다 정신적인 것이 절실하다. 설사 우리에게 돈이 없다고 하더라도 길거리의 분수, 도서관의 장서들, 공원의 벤치 등은 항상 우리 모두에게 평등하게 개방되어 있다. 택시를 탈 수 없으면 다리도 단련할 겸 걸어가면 된다.

복권은 하나의 희망일 뿐이다. 이 순간에도 헛된 욕망에 사로잡히지 않고 자기 일을 사랑하면서 살아가는 많은 사람들이 있다. 설사 우리가 크고 대단한 사업을 하지 않는다고 해도 부모님께서 건강하시고 자상하시며, 자녀들이 총명하여 집안의 화목함이 가득하다면 이런 따스함을 어찌 돈으로 바꿀 수 있겠는가.

   그들에게 복권은 한낱 종이에 불과하다. 나도 복권의 열병에서 벗어나 자신의 힘으로 세파를 이겨내는 저항력을 길러야겠다. 지갑에 든 복권을 휴지통에 버리면서 알 수 없는 희열을 맛본다.

## 낙화

 우리 동네는 사시사철 아름다운 풍경을 자아내어 나를 기쁘게 한다. 모처럼 봄비가 내리니 화사하게 피어 있던 꽃들이 후두둑 떨어진다. 군무를 이루어 눈처럼 하얀 자태를 뽐내던 벚꽃들이 땅에 점점이 박힌다. 아무리 아름답던 꽃도 떨어지고 나면 별 볼품이 없다. 그래서 이 세상에 영원히 존재하는 것이 없다는 생각에 서글프다.
 하얀 목련이 미련 없이 떨어진 나무의 모습이 볼썽사납다. 순백의 빛깔로 새 신부처럼 어여쁘기만 하던 목련도 낙화할 때는 썩어버린 꽃이 된다. 그 꽃을 보면 마음이 섬뜩해진다. 나의 노년은 과연 어떤 형태로 남을 것인지 불안하기만 하다. 순간의 기쁨을 위해 우리는 얼마나 많은 노력을 일삼는가.

내리는 비를 바라보며 한 사람의 애절한 마음을 느낀다. 사랑하는 사람을 잃고 가슴을 쓸어내리는 모습이 빗물에 반사되어 눈에 들어온다. 오래전 어머니가 돌아가시며 가졌던 그 마음이 또 다시 되살아난다. 갑자기 우리 곁을 떠난 어머니를 생각하면 아직도 가슴 한 구석이 찌릿하게 저려온다.

나이 쉰에 들어서면서 새삼 여러 가지 생각들로 복잡해지는 시간이 많아진다. 인생의 반환점을 도는 이 시점에서 '인생과 사랑'에 대해 의문을 갖는다. 내가 좋아하는 사람에게 많은 기대를 하며 늘 사랑받기를 원하고 있다. 지금까지도 사랑에 대한 '갈망 증세'를 보이며 나를 타오른 불처럼 사랑해주기를 희망한다. 그런 욕구에 가슴이 메이고 떨어지는 꽃처럼 처연해질 때가 있다.

주변 사람들 중에 오래도록 좋은 친구처럼 한평생 같이 지내고픈 사람들이 있다. 하지만 성별이 달라 그렇게 하지 못하고 있다. 살면서 남편은 그 자체로 좋은 것이고 남자 친구도 있었으면 한다. 흔히 말하는 '스캔들'이나 '불륜'이 아닌 순수한 이성 친구를 가지는 것은 불가능한 일일까.

　나 스스로 양심에 걸려 밀어내고 있는 사람들 중에 배울 것도 많고 즐거운 시간을 함께 보낼 수 있는 사람이 있다면 어떻게 해야 하나? 하나님도 '네 이웃을 네 몸 같이 사랑하라.'고 말씀하셨지만 말처럼 쉽지가 않다. 여자는 어떻게 사랑하든 문제가 없는데 남자는 그렇지 않다. 가끔 하동진의 노래 제목처럼 '나도 사랑 한 번 해보고 싶다.'는 생각이 든다.

　꽃은 나무에 달려 있어야 가치가 있듯이 나의 이런 마음을 제어해야 한다는 것을 잘 알고 있다. 바람에 떨어지는 꽃잎처럼 초라해지지 않으려면 가슴이 아파도 미련 없이 그런 생각을 지워야 한다고 다짐해본다.

　열렬한 사랑을 해보지 못한 사람은 한 사람을 잊기 위해 얼마나 많은 시간을 보내야 하는지 모른다. 그 애타는 마음을 알 길이 없다. 그 긴긴 시간을 눈물과 안타까움으로 몸부림쳐야 함을 어찌 이해할 수 있겠는가.

## 홈런

    푸른 하늘이 드높고 바람이 부는 날씨에 너도나도 운동장으로 들어가고 있다. 오늘은 롯데와 우리의 야구 경기가 있는 날이다. 수많은 관중이 자리를 잡고 앉아 경기가 시작되기를 기다리고 있다. 우리도 자리에 앉아 가지고 온 물건들을 제대로 놓고 선수들의 입장을 기다리고 있다. 드디어 롯데 유니폼을 입은 선수들이 구장에 각자의 포지션을 취하고 시구를 기점으로 경기를 한다.
    처음부터 롯데 선수들은 지쳐 보이고 제대로 공을 치지 못한다. 결국 우리 선수들이 3점을 먼저 득점하여 롯데를 이기고 있다. 할 일을 뒤로 미루고 아이와 약속을 지키기 위해 온 터라 경기가 빨리 진행되는 것은 좋으나 경기에 지고 있으니 갑갑하다. 응원단들은 경기보다 관중의 재미를 위하여 다양한 이벤트를 하고 있고 남편을 비롯한 남자 팬들은 담배를 피우러 들락날락한다.

연신 안타를 치지 못하는 선수들을 보며 시원하게 홈런 한 방 날렸으면 좋겠다는 생각을 한다. 그때, 한 선수가 2루타를 쳐서 2점을 얻는다. 관중의 환호성이 이어지고 흥에 겨워 노래를 부르기 시작한다. 나도 엉덩이를 들썩거리며 분위기에 젖어간다. 아웃이 한 명도 없어 점수를 내기 좋은 기회다. 8회에서 3대 2로 추격을 하더니 갑자기 한 선수가 3루타를 쳐서 또 3점을 얻었다. 마지막으로 1점을 더 얻어 경기는 6대 3으로 롯데가 이겼다.

나의 인생을 돌이켜 보면 알게 모르게 기쁨을 맛본 적이 많다. 결혼을 하고 십 년 만에 아파트를 샀을 때가 좋았고 우리 막내인 아들을 낳았을 때는 말할 수 없는 희열을 느꼈다. 그런데 좋은 추억은 금방 잊어버리고 현실의 고달픔이 자꾸 나를 힘들게 한다. 큰 집으로 옮기면서 생긴 대출이자를 내는 것이 부담스럽고 대학원 졸업을 위해 논문을 쓰는 일이 너무 괴롭다. 어릴 때 읽었던 동화에서처럼 흑기사가 나타나 나의 현실적인 문제를 모두 해결해주면 얼마나 좋을까. 식구가 여섯 명이어서 부득이 큰 집으로 이사를 했지만 그것으로 인한 물질적 손해를 10년 이상 보아야 하는 것이 무척 속상하다. 이자만 해도 거의 몇 천 만원이니 더욱 마음이 답답하다. 이럴 때 홈런 한 방 날리면 세상 사는 맛이 끝내줄 텐데…….

요즘 나이가 들어가는지 기억력도 감퇴하고 만사에 의욕이 적어지고 있다. 또한 자신만만하던 일들도 힘겹게 여겨진다. 그래서 늙으면 옛날 생각을 많이 하게 되는가 보다. 한창 시절의 나를 떠올려 보면 지금의 나는 외모도 그렇고 너무 초라하다. 내가 하는 일에도 노하우가 생겨 점점 쉬워야 하는데 더욱 고되기만 하다.

사람들은 나의 성격이 좋아졌다고 한다. 내 개인적인 생각으로는 단단한 돌이 부서져 퍼석한 모래가 된 것 같다. 열정과 집착도 없어지고 무덤덤한 사람이 되어 볼썽사납다. 혼자 가만히 생각해보면 나이가 들면서 얻은 것도 많지만 잃은 것도 많다. 다시 그 시절로 돌아갈 수는 없지만 마음은 그대로 유지를 해야 하는데 그것마저

쉬운 일은 아닌가 보다.

　남편이 아침 일찍 운동을 하러 간다. 나에게도 같이 가자고 몇 번 권유하더니 반응이 없자 혼자 가기로 결심을 한 모양이다. 건강을 위해서는 바람직한 일이지만 이곳저곳에서 이상한 소리를 듣다보니 남편이 괜히 새삼스럽게 보인다. 나는 그런 생각하지 않고 살 거라고 은연중에 다짐을 해왔지만, 귀가 얇아졌는지 마음이 약해졌는지 뜬금없는 생각에 운동도 하지 않으면서 잠도 제대로 자지 못하는 꼴이 되었다. 참으로 알다가도 모를 것이 사람의 마음인가 한다.

　하루하루를 눈코 뜰 새 없이 바쁘게 지내다 보니 여유로운 시간이 그립다. 며칠쯤은 손가락 하나 까딱 않고 지낼 수 있으면 정말 좋겠다. 그런 여건이 되려면 돈벼락을 맞아 물질적, 정신적으로 안정이 되어야겠기에 오늘도 '홈런' 한 방 날렸으면 하는 유혹에 빠져본다. 이 나이에는 더 많은 것을 바라기보다, 내가 가진 것을 잃지 않는 것이 더욱 소중하기에 헛된 욕심을 털어버리고 커피 한 잔을 마시며 피곤을 달래기로 한다.

먼 훗날, 이 시절이 그리워지면 입가에 잔잔한 미소 한 모금 지을 수 있도록 살면 되는 것이 아닐까. 아이 셋 모두 자기 일에서 성공을 하고 건강하게 잘 살도록 밑거름이 되는 것이, 내가 간절히 바라는 '홈런'이라 믿으며 힘차게 전진해야겠다.

## 비나리

 봄이 지나고 여름이 오는 길목에서 비가 자주 내린다. 비를 볼 때마다 '하늘이 눈물을 흘린다'는 생각이 든다. 누가 마음 아픈 일이 있어 저렇게 눈물을 흘리는 것일까. 부모와 형제의 죽음 앞에서 흘렸던 눈물이 생각나 한참동안 비를 쳐다본다. 그리고 먼저 세상을 떠나간 친구들과 지인들의 모습이 아른거려 잠시 추모를 한다. 그들이 세상 모든 시름과 근심을 잊고 잘 지내기를 기원한다.
 나의 곁에 있는 사람들은 인성이 좋은 사람들이라는 점에서 고마운 마음이 가득하다. 서로 이해하고 사랑하며 함께 웃는 시간을 공유할 수 있는 사람들이어서 행복하다. 그런데 얼마 전 친구와 다투고 난 후부터 즐거움이 순식간에 사라졌다. 순간의 실수로 육체적으로 힘들고 마음이 답답해져 친구라는 의미가 도대체 무엇인지 되짚어보게 된다. 나와 생각이 다르고 사는 방식이 다른 사람에게서 세상을 살아가는 또 다른 방법을 배운 것 같다. 오십 대 중반이 되도록 단순한 성격에 친구 관계에서는 무방비로 살았던 것이 허망하다. 때로는 매몰차게 상대를 몰아붙이는 그들이 부러운 반면 그녀들로 인해 상처를 받은 친구들이 안쓰럽다.

장미에만 가시가 있는 것이 아니라 사람의 마음에도 가시가 있어 미운 사람을 찌르고 할퀴면서도 정작 자신은 그것을 알지 못한다. 곁에 다가가지 않으면 자기를 무시한다고 생각한다. 친구들의 고통은 알지 못하고 자신의 상처만 치료를 받으려고 하는 게 얄밉다.

지난 일요일 특강미사의 말씀을 떠올리며 선한 마음을 다시 가져본다. '다른 사람을 즐겁게 하고, 다른 사람을 위해 봉사하며, 다른 사람을 기쁘게 하는 하느님의 사람'으로 살고자 했는데 잠시 본분을 잊은 실수들을 반성해본다.

서로의 상처가 곪아 터졌으니 잘 봉합을 하여 다시 원상태로 만들고 싶다. 서로 안부를 주고받으며 응원해주고 기쁜 일은 축하해 주고 슬픈 일은 위로하며 함께 눈물을 흘려주는 친구가 되고 싶다.

지난 토요일, 양귀비꽃을 보며 꽃잎의 색깔과 보드라움에 감탄했다. 빼어난 미모에 마음까지 고우면 '금상첨화'인데 아직까지 그런 사람을 만나지 못했다. 그래서 세상은 공평한지도 모르겠다. 남진의 노래 한 구절을 읊어본다. '마음이 고와야 여자지. 얼굴만 예쁘다고 여자냐.'

곱든 밉든 어린 시절 추억을 공유하고 싶어 만들어진 모임이니 잘났던 못났던 같은 인격체로 존중하는 분위기가 됐으면 한다. 잘난 사람들이 못난 친구들을 이끌어주며 발을 맞춰 살아가는 모습이 이루어지면 더욱 좋겠다. 비를 보면서 모든 친구들이 악하고 분한 마음을 빗물로 모두 흘러 보내고 친구를 향해 다가가는 멋진 현실이 되기를 빌어본다.

'비야 비야, 내려라. 마음이 아픈 친구들 마음의 눈물을 거두어주고 악한 생각들 모두 사라지게 하여라.' 비가 그치면 서로의 마음에 기쁨과 행복을 주기 기원한다. 나도 같은 실수를 되풀이 하지 않고 나에게 실수를 하는 친구를 착한 마음으로 이해해주고 싶다.

  이번 기회를 통하여 친구를 사랑하는 법을 알게 해 준 하느님께 기도를 드린다.

  '하느님, 못난 나의 잘못을 용서해주시고 친구들 모두 선한 마음 가지고 단합된 모습으로 즐겁게 살아가게 도와주세요. 우리들 마음에 진정한 평화를 주셔서 행복한 사람들이 되게 도와주세요. 아멘'

## 동상이몽

　교직 생활 30여 년이 지나니 친구들이 두 갈래로 나뉘었다. 승진을 한 친구들과 그렇지 못한 친구들이 같은 원칙을 지키며 서로 다른 색깔로 교육하고 있다. 모두 위치는 다르지만 자신의 분야에서 화합하며 하나의 목표를 향해 열심히 노력한다.
　1년의 중요한 행사인 '학예회'를 마치고 한 가지 아쉬움을 느낀다. 나와 다른 생각을 가진 동료들이 있음을 잠시 잊었다. 여러 가지 일들을 통한 약간의 소외감으로 그들과 조금 멀리하고 싶은 감정이 생겼다.
　자신의 꿈을 성취한 자의 여유와 성취하지 못한 자의 슬픔과 불안이 비교가 된다. 영재 학생들을 10여 년간 지도하면서 일반 학생들의 복잡한 심정을 헤아리지 못한 건 아닌가 하는 생각이 들어 반성의 시간을 갖는다. 내 인생의 과제를 미처 해결하지 못한 한 사람으로 느끼는 감정, 어느 누구도 이해하기 어렵다는 것을 실감한다.

  수업시간에 자신의 과제를 다 끝내지 못한 아이들은 다른 친구들에게 관심을 가질 수 없다. 내 앞가림에 급급한 노동자들도 다른 사람들의 헐벗음에 도움을 주지 못하는 것이 자연적인 현상임을 알게 되었다. 재물을 많이 가진 사람들은 그들이 필요한 물건을 언제든지 구매할 수 있지만 가난에 허덕이는 사람들은 중요한 물건 한 개를 얻기 위하여 몇 년 이상 고생해야 함을 부유한 자들은 알지 못한다. 갖고 싶은 물건을 제대로 가져보지 못한 자의 비애를 그들은 어떻게 생각할지 궁금하다.

  같은 부모의 배 속에서 태어난 형제들도 그렇고 같은 시대에 함께 교육을 받은 친구들도 세상을 살면서 다른 생각들을 품고 사는 것이 정상이다. 물론 가족끼리 도움을 주고받고 친구간의 우정은 존재하지만 근본적으로 나와 똑같은 존재는 하나도 없음을 깨달아,

가끔 안겨오는 배신감이나 고독이 나만의 문제인 듯해 슬퍼진다. 다음번에는 그들이 나에게 한 것처럼 똑같은 방법으로 상처를 되돌려 주리라 다짐하지만, 막상 그때가 되면 지난일은 잊어버리고 그들에게 후한 점수를 주고 마는 나의 성격이 안타깝다.

 어느 날 회식 중에 뜻하지 않게 일어난 일에 대하여 직장 동료들은 '동상이몽'이라는 표현을 썼다. 모든 사람들이 기본적으로 느끼는 관점은 다 같다고 생각하던 나로서는 혼란스러웠다. 겉모습도 다르고 살아온 환경도 다르지만 한 직장에서 일하므로 근본적인 방식은 같다고 생각했는데 그것이 나만의 착각이었나 보다. 나는 왜 늘 착각 속에서 상처를 받는 것일까.

 '동상이몽'은 오래된 이야기 속에서 나오는 현상이 아니라 바로 내 곁에 그런 사람들이 존재함을 이제야 정확히 파악했다. 오십 중반이 될 때까지 이런 고사성어를 생각하지 못할 정도로 행복한 삶이었다면 좋은 일이고, 부부가 평생 같이 살면서 '한마음 한뜻'이 되는 데에도 수많은 세월이 흐르지 않았던가.

지난 삶을 되돌아보니 행복한 날이 50%, 어리석은 날이 50%이다. 비율 면에서 행복이 9 : 1이거나 7 : 3 정도는 되어야 바람직한 삶인데 나는 그냥 평범한 삶을 살았다. 지금부터 7 : 3이나 8 : 2, 9 : 1의 삶을 살 수 있는 확률은 얼마일까 궁금해진다.

나는 오늘 행복한 삶에 대한 여러 가지 생각으로 마음이 몹시 불안하다. 그러나 내 곁에는 항상 '하느님'이 계시므로 긍정적인 결론을 내리면서 다시 힘을 얻는다.

'하느님, 나의 믿음을 굳건하게 하시고 나의 소원이 이루어지게 도와주세요. 내 말이 너희 안에 있고 너희가 내 안에 머무르면 원하는 것을 청하여라. 그러면 모든 것이 이루어지리라. 아멘.'

## 판도라의 상처

 휴일을 맞이해 남편과 함께 영화 한 편을 보러 갔다. 제목이 '판도라'여서 별 기대를 하지 않았다. 그런데 영화가 시작되면서 화면에서 눈을 뗄 수가 없었다. 영화의 배경인 '원자력 발전소'가 있는 마을에 억척스러운 어머니의 모습을 보며 나의 어머니를 떠올렸다. 그리고 정해진 운명에서 벗어나기를 원하는 작은아들의 삶은 우리들의 어린 시절을 되짚어보게 하였다. 그의 삶이 어떤 반전을 가져올지 무척 궁금했다.
 우리나라 경제 발전의 원동력이 된 '원자력 발전소'가 중심 주제였다. 이 시대를 살면서 전기는 가정에서 꼭 필요하고 모든 산업에도 중요하다. 또한 '원자력 발전소'가 우리 산업 발전에 끼친 영향력은 엄청나다. 하지만 다른 측면에서 보면 원자력은 사람들의 건강을 해치고 병들게 하는 원인이 된다. 특히 '원자력 발전소' 주변 사람들에게 크나큰 피해를 주는 것도 사실이다.

 어린 시절부터 어머니를 비롯한 외갓집 식구들이 암으로 돌아가시는 것을 보아온 나도 건강에 대하여 근심이 많은 편이다. 외할아버지를 비롯한 어머니, 이모, 외삼촌들이 젊은 나이에 작고하셨다. 특히 내 나이 13살에 어머니께서 동맥경화로 세상을 떠나셨다. 관에 안치된 어머니께서 다시 살아나실 것 같아 것이 무서웠다. 끝내 어머니는 다시 돌아오지 않으셨고 우리 5남매는 슬픔을 이겨내야 했다. 큰오빠는 동생들을 위하여 무리하게 일하다가 과로로 쓰러져 갑작스레 우리 곁을 떠났다. 장남을 잃은 아버지께서도 10년 후에 돌아가시고 15년 후 작은오빠마저 세상을 떠났다.

 지금은 5남매 중 3남매와 새어머니와 소식을 주고받으며 살고 있다. 새어머니께서는 우리 5남매를 잘 키워주셨지만 남편과 두 아들을 잃고 나니 많이 힘들어하셨다. 우리 3남매는 어머니를 더욱 잘 챙기려고 애를 썼다. 하지만 남편과 장남에 미치지 못한다는 것을 느끼신 어머니는 항상 부족함을 메울 수 없어 하셨다. 나도 큰딸을 시집보내고 나니 그 마음을 조금 알 것 같아 죄송스런 마음이 들었다. 앞으로 좀 더 새어머니에게 세심한 정성을 쏟아야겠다.

 우리 사회에서 다른 사람을 도와주고 위험에서 구해주는 일을 하는 시민을 보면 자랑스럽다. 그들에게 좋은 일들이 많아졌으면 하는 바람이다. 영화의 주인공도 그런 청년이다. '원자력 발전소'가 폭발할 때 대부분 많은 사람들은 살아 남기 위해 너도나도 멀리 도망을 쳤지만 그는 끝까지 남아 희생을 자처한다. 처음부터 미리 짐작은 했지만 너무 슬픈 결말이다. 그것을 지켜보는 부모와 형제의 마음이 고스란히 전해져 더욱 애잔하다.

 '원자력 발전소의 폭발을 막는 위험한 일을 왜 그 청년이 해야 했을까.' 청년의 희생을 통하여 많은 시민이 살아남고 무사히 사건은 종결되지만 가슴속에서 끓어오르는 분노 때문에 한동안 마음을 가다듬어야 했다. 항상 귀하고 좋은 것만 차지하고 맛있는 음식을 배

불리 먹는 자들은 이런 분노를 알지 못한다.

  세상에 태어난 지 반백년을 넘어 오십 대 중반이 되고 보니 몸도 약해지고 용기도 점점 없어진다. 높은 산에 오르는 것도 망설여지고 혼자 어디를 가는 것도 자신이 없다. 30대 초반만 해도 혼자 미국에 한 달간 어학연수도 가고 관광도 즐겁게 다녔는데 이제는 누구와 함께 가지 않으면 영 불안하다.

  지난주 한국사 시험을 치면서 나이의 한계를 느꼈다. 난생처음 모르는 문제만 수두룩한 시험지를 보면서 높은 점수 받는 것을 포기한 채 시험장을 나와 버렸다. 역시 나이는 못 속이는가 보다. 그래서 공부에 어려움을 겪는 아이들이 쉽게 좌절을 해 시험지를 빨리 제출하고 나가는구나 싶었다. 이제부터 학습이 잘 안 되는 아이들의 마음을 이해하면서 차근차근히 도움을 주는 교사가 되기로 마음먹었다.

  태어나면서 자신의 밥그릇을 가지고 나온다는 말을 들었다. 우리가 노력을 하면 조금 더 나아지지만 인생이 완전히 뒤바뀌는 경험을 하는 사람들은 많지 않다. 한순간 백만장자가 되거나 신데렐라가 되는 것은 아주 극소수의 사람들이라는 것을 알게 되면서 마음의 평안을 가져본다.

  나도 한때는 큰 꿈을 품었다. 최선을 다하여 열심히 살았지만 내가 원하는 것을 모두 이룰 수는 없었다. 지금은 가끔 좌절하기도 하고 지나온 시간에 대하여 후회하기도 한다. 하지만 어머니를 잃은 그 어린 시절부터 한시도 게으름 부리지 않고 성실히 살아온 나에게 박수를 보내고 싶다. 우리 아이들에게 물질적으로 큰 도움을 주지 못하는 것이 마음 아프지만 세상을 올바르게 열심히 사는 것을 보며 한시름 놓는다.

  매일 그들을 위해 이렇게 기도한다. '항상 건강하고 행복하게 살며 성공하여 대박 나게 살자.' 나의 기도가 이루어지는 날을 꿈꾸며 잠시 흐뭇한 미소를 지어본다. 그러면 나의 판도라로 인한 상처는 영원히 사라지리라.

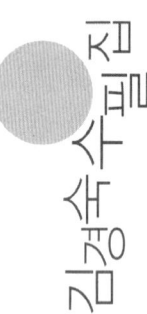

김경숙 수필집

| 서평

매일 그립다
**들여다보기**

수필가 박희선

## 현실 인식과 작품 속의 인물 중심으로
### - 김경숙 수필집 『매일 그립다』

수필가 박희선

　김경숙의 수필은 건조체다. 화장 끼 없는 민낯으로 독자를 대한다. 수필의 진실성에 분칠한 흔적이 없어 오히려 정감을 느낀다. 수필집 한 권 분량의 작품을 다 읽는 동안 줄곧 따라다닌 '민낯'이란 단어는 따뜻한 가족애와 사람냄새로 물씬거린다.

　김경숙의 수필은 극히 낮은 자리에 앉아 이야기하고 있다. 교직을 사랑하고 가족을 사랑하는 마음이 유별나다. 3대가 한 집에서 어우러져 맏며느리의 역할을 거뜬히 해낸다. 타자와 말하는 가운데서도 결국 모든 것은 나로부터 시작하고 마무리를 지어 거부감이 없다.

　살다보면 우리가 살아야할 세상이 아득해질 때가 있다. 왜 사는가, 왜 쓰는가에 대한 물음에 날밤을 새운 날도 많을 것이다. 그런 가운데 문학을 통해 속살을 드러낸 아픔이 구원군이 되어 야윈 삶을 살지게 하고 일으켜 세우기도 한다. 그러므로 가정에서, 직장에서, 문단에서 성실하게 달려온 수필가 김경숙에 대한 기대지평은 한없이 넓다.

김경숙은 문단 경력 15년 차다. 글쓰기에서만은 게으름을 조금 피운 셈이다. 그보다 직장과 맏며느리의 역할에 중점을 두었지 싶다. 바쁘게 살아왔던 그는 첫 수필집에서 무엇을 꿈꾸고 견디며 어떻게 문학밭을 일구었는지 여실히 보여준다. 아픔과 미움을 순화시켜 그만의 방식으로 거뜬히 살아낸 흔적이 수필의 행간에 녹아있다.

### 작품 속의 사람들

김경숙은 슈퍼우먼이다. 현실에서든 작품에서든 건강하게 열심히 살아가는 모습이 참으로 아름답다. 주어진 삶을 눈이 아프도록 자세하게 들여다본다. 수필 「달리는 사람들」의 인물은 갈등의 대상이 되기도 하고 숨통을 트여주는 역할도 한다. 작품을 통해 이상향을 제시하고 남들에게 뒤지지 않기 위해 부지런히 달리는 여교사의 면면을 엿볼 수 있다. 시어머니를 모시고 남편과 자녀 셋 바라지에 여전히 동동거리며 사는 그의 일상은 그래도 힘이 넘친다.

요즘은 시간적으로 모든 일을 정신없이 빠르게 진행한다. 어쩌다 한순간 생활의 리듬을 놓쳐버리면 따라가기가 힘든 세상이다. 직장에서는 하루 안에 여러 가지 일을 다 해내야 하고 집에 와서도 밀린 가사일이 산더미처럼 쌓여 하루가 눈 깜짝할 사이에 지나가 버린다. 마치 정해진 궤도 위를 달리면서 그 궤도를 이탈하면 큰일이 생길 것 같아 다람쥐 쳇바퀴 돌 듯 똑같은 일상 생활을 반복하고 있다.

나이 오십을 넘어서면서 그동안 내가 걸어온 길을 되돌아보는 습관이 생겼다. 내 인생의 어느 지점까지 왔는지 알 수는 없지만 되돌아갈 수 없는 시간임을 잘 안다. 가지 못 한 길에 대한 환상이나 기대를 지워버리고 앞으로 나아갈 곳을 바라보기로 하였다.

나도 달리는 사람들 대열에 속해 날마다 최선을 다해 살고 있지만 어디까지가 성공의 열쇠인지를 몰라 고민하고 허욕을 부려 마음에 상처를 입고 스스로에게 실망을 하기도 한다.

- 「달리는 사람들」 중에서

김경숙은 초등학교에 다닐 때 육상부 선수였다. 상급 학교로 진학하면서 운동에 대한 미련을 버렸지만 릴레이 대표로 달릴 때는 아버지도 함께 뛰며 함박웃음을 날렸다. 그때의 아버지가 곤고한 삶에 늘 힘을 주어 일어설 수 있었다.

　그는 달리는 사람들 대열에 끼어 날마다 최선을 다하지만 때로는 허욕에 차 상처를 입는다. '내가 지치고 힘들 때 아버지의 웃음을 되새기며 다시 시작하곤 했듯' 가족들에게 든든한 버팀목이 되기 위해 신발끈을 단단히 동여매는 의지를 보인다.

　수필 「그 사람」에 나타난 김경숙은 '나는 언제나 나에게 주어진 조건 속에서 열심히 살았다고 자부한다. 어린 시절 엄마가 돌아가셨을 때도 눈물을 거두고 공부에 집중하여 성적이 좋았다. 혼자 남은 아버지께 기쁨을 주기 위해 내가 할 수 있는 일은 공부뿐이었다.'고 버거웠던 삶을 고백한다. 그래서 초등학교 교사가 되었고 결혼을 하면 환경이 좋아질 것이라는 막연한 기대에 들떴지만 그것도 잠시였다. 남편에 대한 믿음은 컸으나 맏며느리의 역할은 만만하지 않았다. 집안 대소사는 물론이고 학교에서 집안에서 지칠 대로 지친 그에게 잠시 만나 격려해주던 '그 사람' 친구를 떠올린다.

　　30대 초반, 결혼 생활에 적응을 못하고 있는 시기에 잠시 나를 격려해준 친구가 있었다. 나의 모습과 성격을 있는 그대로 인정해준 유일한 사람이었다.

산 주위로 흩어져 있는 운무의 아름다움을 감상하다가 문득 산으로 눈을 돌린다. 초록빛 수목들을 바라보며 마음의 안정을 찾는다. 지난날의 아픔과 슬픔은 모두 잊은 채 즐거운 삶을 살아야겠다. 그래, 앞을 보고 다시 가는 거야.

- 「그 사람」 중에서

김경숙은 그리워했던 시간도 친구도 가버린 세월에 묻고 현실을 직시한다. 과거와 현재의 시공을 넘나들며 역사를 쓰다가도 오로지 앞을 보고 씩씩하게 걸어 갈 뿐이다. '나는 나의 삶을 사랑했고 후회 없이 살았노라'는 독백처럼 세상과 당당하게 맞선 그의 앞날은 여전히 창창하다.

문학은 현실사회를 반영한다. 수필 「서 있는 사람들」은 '자살한 사람들'에 대한 안타까움을 담은 사유 깊은 작품이다. 길모퉁이에 비스듬히 누워 있는 노숙자를 보며 '앉는다'는 것은 여유라기보다 삶의 활력을 잃어 황망함을 느낀다. 앉아서 일하는 사람이 편하다고 생각하는 일반론에 반격한 그의 시선은 날카롭다. 본 것을 본 대로만 그리면 기사나 다름없다. 김경숙은 체험한 것을 형상화해 독자를 흔쾌히 불러들인다.

① 서서 일하는 직업은 별로 대우받지 못한다. 높은 지위에 올라갈수록 편안한 의자가 있는 근사한 사무실에서 여러 사람의 부러움과 눈총을 함께 받으며 하루의 일과를 보낸다. 안락의자에 앉아있는 그들이 차츰 막다른 길에 다다라 초조하고 불안해한다는 말을 듣고서야, 새삼 서서 일하는 것에 대한 피로를 잊게 한다.

막다른 길에 대한 초조와 불안함은 어떻게 살아갈 것인가를 던져준다. 앉아있는 것만이 최상이 아니라는 것을 새로운 시선으로 바라보고 성찰하며 이야기를 끌어간다. 김경숙에게 '앉는다'는 것은 실패하는 일이다.

② 나는 서 있는 의미를 이제야 제대로 이해한다. 내일을 향해 나아가려면 비약할 여력이 있는가를 확인해야 한다. 나아갈 여력이 없으면 나도 오늘 여기에 서 있을 수 없다.

③ 간혹 일상사로부터 떨어져 혼자 지내고 싶을 때가 있다. 더 나아가 세상 밖으로 이탈하고 싶다. 자신도 모르게 찾아드는 삶의 권태와 허무의 늪에서 허우적거릴 경우도 있고, 더러는 세상사에 지치고 존재의 무게에 치일 때도 있다. 그럴 때 사람은 서 있어야 한다. 앉거나 누우면 그 순간 바로 퍼져서 일어나기가 힘들다.

- ① ② ③ 「서 있는 사람들」 중에서

그의 수필에 나타난 '앉는다'는 것은 이 세상에 오기 전으로 되돌아가는 과정의 초입이다. 끝내는 죽음으로 가는 길이다. 어쩌면 관계의 소멸이기도 하고 온전한 죽음이거나 세상과 거래한 사건들에 대한 효력 상실과 맞먹는다. 결코 녹록하지 않은 오늘에서 김경숙은 멀리 오래 날기 위해 꿋꿋이 일어나 서 있기를 두려워하지 않는다.

우리는 무엇으로 사는가, 끈끈한 가족애

김경숙의 수필 「면사포」 「여보, 만만세」 「가족」에 나타난 진한 가족사랑은 톨스토이의 '사람은 무엇으로 사는가'에 대한 답을 떠올리게 한다. 작품 편편이 서로 아끼고 존중하며 사랑을 제시해 사람을 사람답게 만든다.

「면사포」를 거쳐 이룬 다소 해학적인 제목의 「여보, 만만세」는 인간의 다면성을 보여준다. '가족'이 함께하는 울타리 안에서 가족사랑은 어떠해야 하는지 화두를 던진다. 작가는 그 공간에서 희로애락을 뼛속깊이 느낀다. 시할아버지, 시할머니, 시어머니, 그들이 얼마나 소중한가를 온 몸으로 다독이며 가족 간의 완충지대 역할도 충실히 해낸다.

내 인생에서 가장 행복했던 순간도 하얀 면사포를 썼던 그 날이다. 한껏 치장을 하고 한 남자의 옆에 서서 행복의 단꿈을 꾸던 시간이 잊혀지지 않는다. 짧은 식이 엄청 길게 느껴졌던 추억이 새삼 그립다. 거울 앞에서 비대해진 몸과 꺼칠해진 얼굴을 마주하니 마치 다른 사람인 것 같다. 공주에서 하녀로 추락한 여인네가 나를 멀뚱하게 쳐다보고 있다.

성모 마리아의 모습을 보면 모든 근심이 눈 녹듯 사라진다. 미운 사람에 대한 원망도 잊고 그들에 대한 연민이 생겨 기도를 하게 된다. 나보다 남을 생각하는 시간을 갖게 되어 흐뭇하다.

- 「면사포」 중에서

「여보, 만만세」에 나타난 김경숙은 둘이다. 첫 번째는 대학교 친구들의 모임에서 교장, 교감으로 승진한 친구들의 이야기를 듣는 김경숙이다. 그럴 때마다 눈물과 한숨을 걸머지고 주눅이 든다. 그동안 두 딸과 남편도 승승장구 할 수 있도록 전력을 다해 원하는 것을 이루었지만 승진하지 못한 자신에겐 찬바람만 분다. 노력하지 않은 것도 아닌데 뜻을 이루지 못했다. 이제 곧 내려가야 할 아득한 길만 보여 지난 시간에 대한 후회가 마음을 적신다.

또 한 사람은 비장의 무기를 가지고 있는 수필가 김경숙이다. 늦게나마 바라던 아들을 낳았고 잘 나가는 동기생들이 이룰 수 없는 작가로서의 역할이다. 그는 글밭에서도 중심축이 되어 세상을 아름답게 가꾸어 가고 있다. 선후배를 사랑하고 동료를 배려하며 성실하게 살아가는 슈퍼우먼이다.

나에게는 비장의 무기가 감춰져 있다. 대학교 3학년 겨울방학 때 신발공장에서 아르바이트를 한 후, 나는 1년 내내 도서실에서 줄곧 공부만 하였다. 내가 가야 할 길은 교사라는 것을 알았기 때문이다. 국어과 친구들은 내가 그저 공부만 한 줄 알지만 각 대학의 축제도 마음껏 즐겼고 문학에도 심취한 엔터테인먼트였다. 2003년에 수필가로 등단할 수 있었던 것도 그러한 밑바탕이 깔려 있었기 때문이라고 생각한다.

- 「여보, 만만세」 중에서

「가족」에 나타난 김경숙은 대가족이 아무런 갈등 없이 함께 사는 일이 얼마나 힘든 일인가를 잘 보여준다. 부모가 함께 하고 싶어도 할 수 없는 날이 올 것을 이미 알고 있는 터라 잘 하려고 노력하지만 뜻대로 되지 않는다. 그게 사람의 일이란 것을 일찍 깨닫는다.

① 우리 가족은 여섯 명이다. 시어머니, 나와 남편, 두 딸과 막내아들로 이루어진 대가족이다. 세대 차이가 많이 나서 그런지 가끔 시어머니와 딸들의 충돌이 빚어진다. 할머니의 시선으로 보면 나이 어린 손녀들의 행동이 거슬린다는 것을 잘 안다. 그들의 대화를 듣고 있노라면 한 집에 사는 일이 쉽지 않음을 실감한다. 고부간의 갈등이 아니라 할머니와 손녀의 마찰 때문에 집안에 어두운 그림자가 드리운다. 긴 세월의 공백을 메울 사랑이 필요하다.

한 핏줄을 타고난 형제자매는 외모도 비슷하고 생각도 닮은 듯하지만 각기 다르다. 가족도 사랑이 없으면 한 울타리에서 살아갈 수 없는 조직이다. 김경숙은 맏며느리, 아내, 엄마의 자리에서 주어진 시간을 어떻게 적절히 안배하는지 눈여겨 볼만하다. 적당한 거리를 유지하며 나를 내려놓고 '손님'인 그들을 품어내는 방법도 남다르다.

② 인생은 나그네길이라고 말한다. 그 길에서 만난 소중한 나의 가족들에게 오래도록 기억되는 한 사람이 되고 싶다. 그들 또한 이 세상의 손님이기에 언젠가 이 땅을 떠날 것이다. 그들과 호흡하고 꿈을 꾸는 이 생은 결코 소홀히 할 수 없는 시간이기에 쉬고 싶은 유혹을 뿌리치고 힘차게 발걸음을 내딛는다.

- ① ② 「가족」 중에서

### 미래의 깊이를 말하다

김경숙의 수필 「변신」 「꼬리」 「홈런」에서는 미래의 나를 중시한다. 무엇을 말하려고 하는지 주제가 뚜렷하다. 과거는 이미 붙들 수 없고 현재에서 얼마나 치열하게 살아야 내가 원하는 모습으로 거듭날 것인가를 염두에 두고 있다.

김경숙에게 '변신'은 묵묵히 걸어온 삶의 궤적이다. 하루아침에 얻은 것은 아무것도 없다는 것이 '중심축'을 이루고 있다. 시간과 원만하게 타협하며 재산도 늘이고 중견교사 자리에 올랐으니 어느 것 하나 소중하지 않은 것이 없다. 긍정적인 사고로 받아들인 변신을 통해 그의 미래는 밝다.

> 40여 년을 살면서 나도 여러 가지 모습으로 바뀌었다. 여자로 태어나 딸로 귀여움을 받다가 한 남자의 아내가 되었고 지금은 세 아이의 어머니가 되었다. 그러다가 큰며느리로서 부쩍 할 일이 많아졌고 중견 교사로 발전을 했다.
>
> 지나온 시간을 되돌리고 싶지만 어쩔 수가 없다. 이제부터 화살표를 잘 그려 놓고 그 길로 가는 게 최선책이 아니겠는가.
>
> — 「변신」 중에서

「꼬리」에서는 '권모술수가 뛰어난 사람이나 아첨에 능란한 사람은 우선은 남의 눈에 잘 들겠지만 끝까지 좋을 수는 없는 것이 세상 이치가 아닌가.' 독백처럼 번지는 세상의 이치와 실체를 인식하며 가파른 계단을 천천히 오른다.

> 사십 대를 '불혹'이라 부르는 이유를 조금은 알만한 나이가 되었다. 다른 사람들의 흐름에 떠밀리지 않고 나만의 공간을 가지고 여유를 부릴 수 있는 것은 삶의 연륜 때문이다. 흔들리지 말고 곧게 나아가다 보면 언젠가 내가 원하는 곳에 도달할 수 있을 거라는 확신을 가지고 오늘 하루도 집을 나선다.
>
> — 「꼬리」 중에서

아무리 강한 사람도 나약해질 때가 있다. 수필 「꼬리」에서 당당하고 거침없이 사는 김경숙에게도 '잠시 나에게도 적당한 꼬리가 있으면 하는 망상을 가져보았다. 다른 사람의 혼을 빼 놓을 수 있는 미모나 매력을 가져 보고 싶었다.'는 상이 자리를 잡는다. 그러나 그것도 잠시, 내가 가진 것도 많다는 것을 인식한다. '주어진 나의 길을 향해 꼬리를 힘차게 흔들며 나아가겠다.'는 굳은 의지는 건강한 사회인의 인간정신으로 거듭난다.

김경숙의 수필은 방향이 다채롭고 거침이 없다. 「홈런」에서는, 보이는 공간 '야구장'에서 보이지 않는 '내면공간'으로 확대하여 심층적 말 걸기를 한다. '초등학교 선생인 나'가 돈벼락을 맞고 '홈런 한 방' 날리고 싶은 주문을 건다. 주제에 걸맞게 만나는 일상을 깊은 안목으로 파고든다. 올곧은 교사의 자리, 주관이 뚜렷한 며느리의 자리에서도 자신을 성찰하며 홈런을 꿈꾼다. 화려하게 꾸미는 말을 앞세워 주제를 흐리게 만들지 않는 것도 그만의 기법이다.

사람들은 나의 성격이 좋아졌다고 한다. 내 개인적인 생각으로는 단단한 돌이 부서져 퍼석한 모래가 된 것 같다. 열정과 집착도 없어지고 무덤덤한 사람이 되어 볼썽사납다. 혼자 가만히 생각해보면 나이가 들면서 얻은 것도 많지만 잃은 것도 많다.

며칠쯤은 손가락 하나 까딱 않고 지낼 수 있으면 정말 좋겠다. 그런 여건이 되려면 돈벼락을 맞아 물질적, 정신적으로 안정이 되어야겠기에 오늘도 '홈런' 한 방 날렸으면 하는 유혹에 빠져본다.

- 「홈런」 중에서

여기까지가 김경숙 수필집 『매일 그립다』에 나타난 수필 행로다.

앞으로 그의 수필작법은 많이 달라질 것이다. 서사와 더불어 은유와 묘사를 통한 입체적인 수필이 새로운 세계를 열어 백척간두에서도 진일보하리라 믿는다.

글쓰기는 어둠을 업고 미로를 찾아가는 것과 같다. 작가는 허방을 짚는 고생을 하면서도 잘 쓸 수 있는 길을 찾아 끝없이 헤맨다.
백지의 공포에서 좌충우돌하며 길어 올린 김경숙의 수필은 너끈한 '깨달음'의 장이다. 읽는 이에게는 작은 위안이라도 되길⋯.

## 매일 그립다

**인쇄일** 2017년 7월 3일
**발행일** 2017년 7월 7일

**지은이** 김경숙
**펴낸이** 박철수
**펴낸곳** 도서출판 해암

**등록번호** 제325-2001-000007호
**주소** 부산시 중구 백산길 17 삼성빌딩 702호
**전화** 051)254-2260, 2261
**팩스** 051)246-1895
**메일** haeambook@daum.net

**ISBN** 978-89-6649-122-3  03810

값 15,000원

*본 도서는 2017년 부산문화재단 지역문화예술육성지원사업의 일부 지원으로 제작되었습니다.
*이 도서의 국립중앙도서관 출판예정도서목록(CIP)은 서지정보유통지원시스템 홈페이지
 (http://seoji.nl.go.kr)과 국가자료공동목록시스템(http://www.nl.go.kr/kolisnet)에서
 이용하실 수 있습니다. (CIP제어번호 : CIP2017015569)